Andreas Seidel | Sonja Schneider
Praxishandbuch ICF-orientiertes Arbeiten

E-Book inside

Mit dem untenstehenden Download-Code erhalten Sie die PDF-Version dieses Buches mit farbigen Abbildungen.

So laden Sie Ihr E-Book inside herunter:

1. Öffnen Sie die Website: http://www.beltz.de/ebookinside
2. Geben Sie den untenstehenden Download-Code ein und füllen Sie das Formular aus.
3. Mit dem Klick auf den Button am Ende des Formulars erhalten Sie Ihren persönlichen Download-Link.
   [Für den Einsatz des E-Books in einer Institution fragen Sie bitte nach einem individuellen Angebot unseres Vertriebs: buchservice@beltz.de. Nennen Sie uns dazu die Zahl der Nutzer, für die das E-Book zur Verfügung gestellt werden soll.]
4. Der Code ist nur einmal gültig. Bitte speichern Sie die Datei auf Ihrem Computer.
5. Beachten Sie bitte, dass es sich bei Ihrem Download um eine Einzelnutzerlizenz handelt. Das E-Book ist für Ihren persönlichen Gebrauch bestimmt.

Download-Code

WRNC3AAD2X

Andreas Seidel | Sonja Schneider

Praxishandbuch ICF-orientiertes Arbeiten

Beratung, Bedarfsermittlung und Unterstützungsplanung in sozialen Berufen

2., aktualisierte und überarbeitete Auflage

BELTZ JUVENTA

Die Autor_innen

Prof. Dr. med. Andreas Seidel lehrt an der Hochschule Nordhausen in den Studiengängen der Sozialen Arbeit (B.A. und M.A.), Heilpädagogik (B.A.) sowie Transdisziplinäre Frühförderung (M.A.).

Sonja Schneider (M.A. Therapeutische Soziale Arbeit) arbeitet als Sozialarbeiterin im Bereich der Psychiatrie sowie freie Dozentin und Lehrbeauftragte an der Hochschule Nordhausen.

Fallerstellung und -bearbeitung unter Mitarbeit von Fachkräften aus den Bereichen: Frühförderung, Frühpädagogik, Gesundheitswissenschaften, Jugendhilfe, Medizin, Musiktherapie, Neuropädiatrie, Pädagogik, Rehabilitation, Selbsthilfe, Sonderpädagogik, Soziale Arbeit, Sozialmanagement, Sozialmedizin, Sozialpädagogik, Sozialpädiatrie, Therapie.

MIX
Papier | Fördert gute Waldnutzung
FSC® C089473
www.fsc.org

Dieses Buch ist erhältlich als:
ISBN 978-3-7799-6624-1 Print
ISBN 978-3-7799-6625-8 E-Book (PDF)

2., aktualisierte und überarbeitete Auflage 2021

in der Verlagsgruppe Beltz · Weinheim Basel
Werderstraße 10, 69469 Weinheim

Herstellung und Satz: Ulrike Poppel
Druck und Bindung: Beltz Grafische Betriebe, Bad Langensalza
Printed in Germany

Weitere Informationen zu unseren Autor_innen und Titeln finden Sie unter: www.beltz.de

Inhalt

I Allgemeines

1 Die ICF und das bio-psycho-soziale Modell: Von der Diagnose zum Gesundheitszustand

Die Abkürzung ICF steht für *I*nternational *C*lassification of *F*unctioning, Disability and Health oder auf Deutsch: Internationale Klassifikation der Funktionsfähigkeit, Behinderung und Gesundheit. Entwickelt und herausgegeben wurde und wird diese Klassifikation von der Weltgesundheitsorganisation, der WHO; die ICF wird weltweit benutzt (WHO 2001). Aktuell gibt es eine Version für Erwachsene (ICF) und eine Version für Kinder und Jugendliche (ICF-CY; C steht dabei für *c*hildren/Kinder und y für *y*outh/Jugendliche) (WHO 2007). Die deutsche Version der ICF-CY wurde erstmals 2011 veröffentlicht (WHO 2017). Da die WHO entschieden hat, beide Versionen der ICF (also die Version für Erwachsene und die Version für Kinder und Jugendliche) zusammenzuführen, wird im weiteren Text und in diesem Buch immer der Begriff ICF für beide Versionen benutzt. Auch in Deutschland wird in den nächsten Jahren also nur noch „eine ICF-Version" genutzt werden, für alle Menschen.

Mit der ICF soll der individuelle Gesundheitszustand (als aktueller Gesundheitsstatus) einer Person näher beschrieben werden, damit besser ausgedrückt werden kann, wie es einem Menschen mit einer Gesundheitsstörung im Alltag geht (Ist-Zustand). Die Beschreibung einer Diagnose ist dafür nicht ausreichend, da eine Diagnose alleine nicht deutlich machen kann, ob und welche Hilfen eine Person aktuell im Alltag benötigt. Für die Beschreibung des (aktuellen) Gesundheitsstatus eines Menschen werden alle Lebensbereiche dieser Person angeschaut, unter besonderer Berücksichtigung der Kontextfaktoren (also die materielle Umwelt, andere Menschen im Umfeld, Einstellungen anderer Menschen/der Gesellschaft etc.). Die ICF basiert damit auf einem bio-psycho-sozialen Modell, das heißt, dass biologisch-medizinische Aspekte ebenso und gleichberechtigt betrachtet werden wie psycho-soziale Faktoren, die für den jeweiligen Menschen von Bedeutung sind. Das Besondere ist dabei, dass die ICF eine einfach zu lernende gemeinsame Sprache zur Verfügung stellt, um die Kommunikation zwischen verschiedenen Benutzern (Menschen mit Beeinträchtigungen und Fachleuten) zu verbessern. Die WHO weist darauf hin, dass die ICF auf alle Menschen bezogen werden kann, und eben nicht nur auf Menschen mit Behinderungen. Mit anderen Worten, die ICF ist universell anwendbar (WHO 2001, WHO 2007, Mukaino et al. 2020).

Die ICF wurde in einem mehrjährigen Prozess unter Mitwirkung von unterschiedlichen Fachleuten (GesundheitswissenschaftlerInnen, MedizinerInnen, PädagogInnen, PhilosophInnen, PolitikerInnen, SozialarbeiterInnen, PsychologInnen, TherapeutInnen etc. einschließlich der Selbsthilfe) in verschiedenen Arbeitsgruppen auf der ganzen Welt unter der Leitung der WHO ausgearbeitet und wird kontinuierlich weiterentwickelt. Die ICF ist somit ein „interdisziplinärer Kompromiss" für die Beschreibung von Gesundheitszuständen, den Fachleute aus dem Gesundheits- und Sozialbereich (von allen Kontinenten der Erde) „ausgehandelt" haben. Das heißt auch, dass die ICF keine „wirkliche" wissenschaftlich-theoretische Grundlage hat.

2001 wurde die ICF von den Mitgliedsstaaten der WHO unterschrieben; die deutsche Übersetzung erfolgte 2005. Seitdem wird die ICF in Deutschland bereits genutzt, am Anfang insbesondere in der Sozialmedizin, Rehabilitation und Frühförderung. Die ICF-CY als Version für Kinder (children) und Jugendliche (youth) wurde 2007 von der WHO verabschiedet und liegt in der deutschen Übersetzung seit 2011 vor (Seidel 2015).

Bekannter als die ICF der WHO ist bislang die ICD (International Statistical Classification of Diseases and Related Health Problems), die Internationale statistische Klassifikation der Krankheiten und verwandter Gesundheitsprobleme, mit der Diagnosen (also zum Beispiel Asthma, Diabetes, Epilepsie, Autismus, Schlaganfall, Cerebralparese etc.) beschrieben werden. Die ICD-Klassifikation ist in der deutschen Gesundheitsversorgung *die* wesentliche Grundlage für die Abrechnungen und Kostenerstattungen im ambulanten (ärztliche, (psycho-)therapeutische Praxen) und stationären (Krankenhaus-) Sektor (WHO 2011). Aktuell ist in Deutschland die 10. Version der ICD gültig, die ICD-10 GM; GM steht dabei für „German Modification". Die 11. Version der ICD wurde gerade verabschiedet und wird, nach Vorliegen der deutschen Übersetzung, im Jahr 2022 (mit einer flexiblen Übergangsfrist von 5 Jahren) in Kraft treten und die ICD-10 GM ersetzen. Diagnosen, die mit der ICD ausgedrückt werden, beschreiben typische Befunde und Symptome von Krankheiten oder Störungen und haben für die klinische Arbeit sowie die Forschung und Entwicklung von Behandlungsmethoden eine große Bedeutung. Diagnosen alleine sagen aber nichts darüber aus, ob und inwiefern ein Mensch im Alltag relevante Beeinträchtigungen erlebt oder nicht. Wie gut es einem Menschen (mit einer Diagnose) im Alltag geht, also wie gut der Mensch im Alltag „funktioniert" (Beschreibung der sogenannten Funktionsfähigkeit mit der ICF) und ob ein Mensch im Alltag „behindert ist" (mit Beeinträchtigungen von Aktivitäten und Teilhabe), soll mit der ICF ergänzend beschrieben werden. Diese beiden Klassifikationen, ICD und ICF, sind also komplementär und sollten gemeinsam genutzt werden, wenn über Gesundheitsstörungen gesprochen wird (WHO 2001, WHO 2011). Die ICF soll – nach dem Willen der WHO – eine gemeinsame und disziplinübergreifende Sprache für die Beschreibung von Gesundheitszuständen zur Verfügung stellen, um die Kommunikation zwischen verschiedenen BenutzerInnen, wie Fachleuten aus dem Gesundheitswesen, aus der Pädagogik, aus der Jugend- und Sozialhilfe, Forschung, Politik und der Öffentlichkeit, einschließlich Kindern, Jugendlichen und Erwachsenen mit Beeinträchtigungen und deren Angehörigen, zu verbessern (WHO 2001). Dabei wird der Fokus bei der Beurteilung des Gesundheitszustandes eines Menschen auf dessen mögliche oder beeinträchtigte Aktivität sowie die Teilhabe (Partizipation) am Leben in der Gemeinschaft und auf mögliche Einschränkungen bzw. Ressourcen im Bereich der Kontextfaktoren gelegt. Die praktische Bedeutung einer Nutzung der ICF wird auch dadurch deutlich, dass die Begriffe aus der ICF in der deutschen Sozialgesetzgebung (insbesondere durch das Bundesteilhabegesetz, BTHG) oder im Teilhabebericht benutzt werden (Seidel 2015, BTHG 2016). Für die Bedarfsermittlung in der Eingliederungshilfe ist in § 118 SGB IX ein ICF-orientiertes Verfahren gesetzlich vorgeschrieben. Das zeigt, dass ein Grundwissen zur ICF nicht nur nützlich, sondern für alle, die sich in Deutschland mit Gesundheit und Behinderung befassen (Selbsthilfe, Fachleute unterschiedlicher Professionen), notwendig geworden ist.

Ethische Leitlinien der ICF

Eine Klassifikation und wissenschaftliches Werkzeug kann falsch gebraucht oder missbraucht werden. Die WHO hat deshalb ethische Leitlinien für die Anwendung der ICF in der Praxis formuliert. Dazu gehören das Respektieren der Autonomie des Menschen, Vertraulichkeit sowie die Einwilligung, Einbeziehung und Kooperation der Person, deren Gesundheitszustand oder Funktionsfähigkeit mit der ICF beschrieben und klassifiziert werden soll. Die ICF und alle aus ihrer Verwendung abgeleiteten Informationen sollen nach dem Willen der WHO nicht dazu benutzt werden, vorhandene Rechte oder anderweitige rechtmäßige Ansprüche zum Nutzen anderer Individuen oder Gruppen einzuschränken (WHO 2001).

Wesentliche Inhalte und Begriffe der ICF

Die Begründungen und Ziele für die Entwicklung der ICF beruhen auf praktischen, philosophischen, und gesundheitswissenschaftlichen Überlegungen, und eben nicht nur auf medizinischen. Folgende Ziele werden von der WHO benannt:

- Die ICF liefert eine wissenschaftliche Grundlage für das Verstehen und das Studium von Gesundheitszuständen;
- Die ICF stellt eine gemeinsame Sprache für die Beschreibung von Gesundheitszuständen zur Verfügung, um die Kommunikation zwischen verschiedenen Benutzern zu verbessern;
- Die ICF ermöglicht Datenvergleiche zwischen Ländern, Disziplinen im Gesundheitswesen, Gesundheitsdiensten sowie im Zeitverlauf;
- Die ICF stellt ein systematisches Verschlüsselungssystem für Gesundheitsinformationssysteme bereit.

Die ICF ist, wie oben bereits beschrieben, universell anwendbar. Sie klassifiziert nicht Personen, sondern sie dient für eine Beschreibung von Gesundheitszuständen (Funktionsfähigkeit und ihrer Beeinträchtigungen bei Menschen) und dient als Organisationsrahmen dieser Informationen. Die ICF umfasst alle Aspekte der menschlichen Gesundheit und beschreibt diese in Form von Gesundheitsdomänen und mit Gesundheit zusammenhängenden Domänen. Beispiele für Gesundheitsdomänen sind Sehen, Hören, Gehen, Lernen und Sich-Erinnern; solche für mit Gesundheit zusammenhängende Domänen sind Transport, Bildung/Ausbildung oder soziale Interaktionen (WHO 2001, WHO 2007).

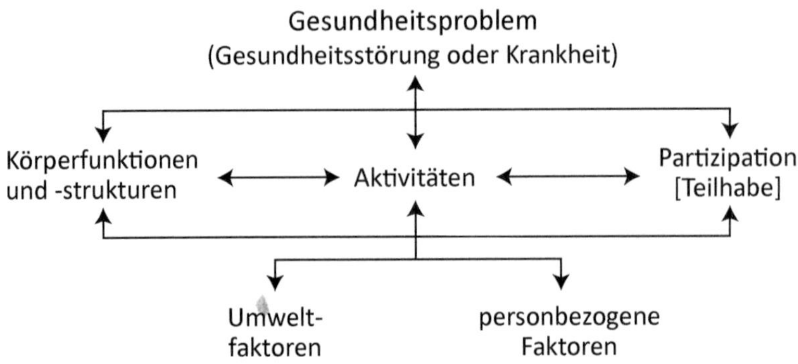

Abbildung 1: Bio-psycho-soziales Modell der ICF (WHO 2001); die Wechselwirkungen zwischen den Komponenten werden im bio-psycho-sozialen Modell durch die Doppelpfeile dargestellt

Komponente	**Definition**	**Frage nach dem Inhalt**
Körperfunktionen (body function)	... sind die physiologischen Funktionen von Körpersystemen (einschließlich der psychologischen Funktionen)	Funktioniert alles (das jeweilige Organsystem) wie erwartet?
Körperstrukturen (body structure)	... sind anatomische Teile des Körpers, wie Organe, Gliedmaßen und ihre Bestandteile	Sieht alles (außen und im Körper) so aus wie erwartet?
Aktivität (life domain)	... ist die Durchführung einer Aufgabe oder Handlung durch einen Menschen	Kann der Mensch alleine das tun, was er möchte?
Partizipation/Teilhabe (life domain)	... ist das Einbezogensein in eine Lebenssituation	Kann der Mensch mit anderen das tun, was er möchte?
Umweltfaktoren (environmental factors)	... bilden die materielle, soziale und einstellungsbezogene Umwelt ab, in der Menschen leben und ihr Dasein entfalten	Was oder wer hilft dem Menschen (Förderfaktor), was oder wer behindert den Menschen (Barriere)?
Personbezogene Faktoren	... beschreiben die Attribute und Eigenschaften einer Person, die nicht ein relevanter Teil des Gesundheitszustands sind	Wie kann der Mensch näher beschrieben werden?

Tabelle 1: Definitionen der Komponenten in der ICF und wie nach den Inhalten gefragt werden kann

Die Abbildung 1 zeigt das bio-psycho-soziale Modell der ICF; die wichtigsten Begriffe („Vokabeln") der ICF sind in Tabelle 1 beschrieben; diese Definitionen sind notwendig, um die „Sprache ICF" zu verstehen und zu sprechen. In der dritten Spalte der Tabelle ist eine Frage formuliert, die hilft, nach den Inhalten der Komponente praxisorientiert zu fragen.

Die Komponenten der ICF

In der ICF werden Informationen in zwei Teile gegliedert (Tabelle 2). Der eine Teil befasst sich mit Funktionsfähigkeit und Behinderung. Der andere Teil umfasst die Kontextfaktoren (Umweltfaktoren und personbezogene Faktoren) (WHO 2001, WHO 2007).

	Teil 1: Funktionsfähigkeit und Behinderung		**Teil 2: Kontextfaktoren**	
Komponenten	Körperfunktionen und Körperstrukturen	Aktivitäten und Partizipation (Teilhabe)	Umweltfaktoren	Personbezogene Faktoren
Domänen	Körperfunktionen Körperstrukturen	Lebensbereiche (Aufgaben, Handlungen)	Äußere Einflüsse auf Funktionsfähigkeit und Behinderung	Innere Einflüsse auf Funktionsfähigkeit und Behinderung
Konstrukte	Veränderung in Körperfunktionen (physiologisch) Veränderung in Körperstrukturen (anatomisch)	Leistungsfähigkeit (Kapazität) Leistung (Performanz)	Fördernde oder beeinträchtigende Einflüsse von Merkmalen der materiellen, sozialen und einstellungsbezogenen Welt	Einflüsse von Merkmalen einer Person
Positiver Aspekt	Funktionale und strukturelle Integrität	Aktivitäten Partizipation (Teilhabe)	Förderfaktoren (positiv wirkende Faktoren)	Nicht anwendbar
	Funktionsfähigkeit			
Negativer Aspekt	Schädigung	Beeinträchtigung der Aktivität Beeinträchtigung der Partizipation (Teilhabe)	Barrieren (negativ wirkende Faktoren)	Nicht anwendbar
	Behinderung			

Tabelle 2: Überblick über die ICF (WHO 2001, WHO 2007)

Funktionsfähigkeit und Behinderung

Zur Funktionsfähigkeit und Behinderung (Teil 1 der ICF) gehören die Komponenten Körperfunktionen, Körperstrukturen sowie die Aktivitäten und Partizipation (synonym für Partizipation wird in der deutschen Übersetzung der ICF der Begriff Teilhabe benutzt) (WHO 2001, WHO 2007).

Körperfunktionen sind die physiologischen Funktionen von Körpersystemen. Körperstrukturen sind anatomische Teile des Körpers, wie Organe, Gliedmaßen und ihre Bestandteile, und werden, ebenso wie die Körperfunktionen, in acht Kapiteln differenziert (Tabelle 3). Schädigungen sind Beeinträchtigungen einer Körperfunktion (z. B. mentale Funktion oder Lungenfunktion) oder -struktur, wie z. B. eine wesentliche (anatomische) Abweichung oder ein Verlust (zum Beispiel eines Unterschenkels nach einem Motorradunfall).

Komponente ‚Körperfunktionen' (body functions)	Kapitel	Komponente ‚Körperstrukturen' (body structures)
Mentale Funktionen	1	Strukturen des Nervensystems
Sinnesfunktionen und Schmerz	2	Das Auge, das Ohr und mit diesen in Zusammenhang stehende Strukturen
Stimm- und Sprechfunktionen	3	Strukturen, die an der Stimme und dem Sprechen beteiligt sind
Funktionen des kardiovaskulären, hämatologischen, Immun- und Atmungssystems	4	Strukturen des kardiovaskulären, des Immun- und des Atmungssystems
Funktionen des Verdauungs-, des Stoffwechsel- und des endokrinen Systems	5	Mit dem Verdauungs-, Stoffwechsel und endokrinen System in Zusammenhang stehende Strukturen
Funktionen des Urogenital- und reproduktiven Systems	6	Mit dem Urogenital- und dem Reproduktionssystem in Zusammenhang stehende Strukturen
Neuromuskuloskeletale und bewegungsbezogene Funktionen	7	Mit der Bewegung in Zusammenhang stehende Strukturen
Funktionen der Haut und der Hautanhangsgebilde	8	Strukturen der Haut und Hautanhangsgebilde

Tabelle 3: Kapitelübersicht der Komponenten Körperfunktionen und Körperstrukturen

Es gibt keine wissenschaftliche Erklärung, warum jeweils acht Kapitel entstanden sind, es ist das Ergebnis eines interdisziplinären Diskussionsprozesses. Aus Tabelle 3 wird deutlich, dass die WHO versucht hat, die jeweils acht Kapitel der Körperfunktionen und -strukturen „thematisch anzupassen".

Als Aktivität wird die Durchführung einer Aufgabe oder Handlung durch einen Menschen, also „was ein Mensch alleine macht", bezeichnet. Als Beispiel wäre hier das Lernen von Vokabeln, der Umgang mit Stress, der Toilettengang oder die Körperhygiene zu nennen. Partizipation (Teilhabe) beschreibt das Einbezogensein in eine Lebenssituation, also „was ein Mensch mit einem oder mehreren Menschen gemeinsam tut". Ein Beispiel hierfür wäre das Teilnehmen an der Klassenfahrt oder der Konzertbesuch mit Freunden. Die Klassifikation der Aktivitäten und Partizipation (Teilhabe) erfolgt gemeinsam in neun Kapiteln (Tabelle 4). Das sind dieselben Kapitel und Inhalte, die im § 118 SGB IX benannt sind.

Beeinträchtigungen der Aktivität sind Schwierigkeiten, die ein Mensch bei der Durchführung einer Aktivität haben kann (also zum Beispiel beim Lernen oder der eigenen Körperhygiene). Beeinträchtigungen der Partizipation (resp. der Teilhabe) sind Probleme, die ein Mensch beim Einbezogensein in eine Lebenssituation erlebt (also zum Beispiel bei der Kommunikation oder dass ein Konzertbesuch wegen nicht barrierefreier Zugangsmöglichkeiten unmöglich ist). Die verschiedenen Lebensbereiche (Domänen) der Komponente Aktivitäten und Partizipation sind in einer einzigen Liste enthalten, die alle (neun) Lebensbereiche umfasst. Aktivitäten werden in der ICF näher bestimmt durch die Beurteilungsmerkmale für Leistung (Performanz oder „performance“) und für Leistungsfähigkeit (Kapazität oder „capacity“). Das Beurteilungsmerkmal für Leistung beschreibt, was ein Mensch in seiner gegenwärtigen, tatsächlichen Umwelt tut (Beobachtungsebene im Alltag: Was ist aktuell möglich?). Diese Leistung ist somit durch den sozialen Kontext und andere Umweltfaktoren mitbestimmt. Das Beurteilungsmerkmal der Leistungsfähigkeit beschreibt die Fähigkeit eines Menschen, eine Aufgabe oder eine Handlung „in einer standardisierten Umwelt“ durchzuführen, um dabei das höchstmögliche Niveau der Funktionsfähigkeit zu beschreiben (standardisierte Konstruktebene: Was könnte erreicht werden?). Die Beurteilungsmerkmale der Leistungsfähigkeit und Leistung können sowohl unter Berücksichtigung von Hilfsmitteln oder personeller Assistenz als auch ohne deren Berücksichtigung verwendet werden. Für eine diagnostische Betrachtung und Hilfeplanung müssen Fachkräfte immer beide Konzepte (also die aktuelle Leistung und die Leistungsfähigkeit) bedenken unter Einbeziehung der anderen Komponenten der ICF (Schuntermann 2009, Seidel 2015).

Kapitel	Komponente ‚Aktivität und Teilhabe/Partizipation‘ als Lebensbereiche (life domains)
1	Lernen und Wissensanwendung
2	Allgemeine Aufgaben und Anforderungen
3	Kommunikation
4	Mobilität
5	Selbstversorgung
6	Häusliches Leben
7	Interpersonelle Interaktionen und Beziehungen
8	Bedeutende Lebensbereiche
9	Gemeinschafts-, soziales und staatsbürgerliches Leben

Tabelle 4: Die neun Kapitel (Lebensbereiche) der Komponente Aktivität und Teilhabe (Partizipation)

Die neun Lebensbereiche sind für die Beschreibung einer Behinderung von großer Bedeutung. Der Behinderungsbegriff des § 2 Abs. 1 SGB IX setzt dabei zwingend eine Teilhabebeeinträchtigung am gleichberechtigten Leben in der Gesellschaft voraus. Da der Behinderungsbegriff auf der ICF fußt, bestimmt sich auch das Vorliegen einer Teilhabebeeinträchtigung nach der ICF (als Beeinträchtigung in den neun Lebensbereichen). Zur Bestimmung der Teilhabebeeinträchtigung müssen daher die Wechselwirkungen zwischen der Person, dem auf der Grundlage der ICD-10 diagnostizierten Gesundheitsstatus und den individuellen Bedürfnissen des Menschen zu seiner Umwelt analysiert werden. Ausschlaggebend für die Beurteilung, ob eine Teilhabebeeinträchtigung vorliegt, sind also die neun Lebensbereiche der ICF (Schaumberg & Seidel 2017 (1) und (2)).

Kontextfaktoren

Zu den Kontextfaktoren zählen die Umweltfaktoren sowie die personbezogenen Faktoren. Die Umweltfaktoren beschreiben die „äußeren Einflüsse" auf den Menschen, personbezogene Faktoren bilden hingegen die „inneren Einflüsse von Merkmalen und Attributen einer Person" ab. Mit dieser Beschreibung lassen sich die beiden Kontextfaktoren praktisch gut unterscheiden.

Umweltfaktoren bilden die materielle, soziale und einstellungsbezogene Umwelt ab, in der Menschen leben und ihr Dasein entfalten. Beispiele für die materielle Umwelt wären ein Aufzug, ein Pflegebett, Medikamente oder die Wohnung. Zur sozialen Umwelt gehören andere Menschen (Familie, Freunde, Nachbarn, Fachleute, Arbeitskollegen, Haustiere etc.). Die einstellungsbezogene Umwelt beschreibt die Haltungen und Einstellungen anderer Menschen (zum Beispiel zum Thema „behinderte Menschen" oder „Inklusion" in der Gesellschaft). Diese Umweltfaktoren werden in 5 Kapiteln in der ICF dargestellt (Tabelle 5). Unterschieden werden bei den Umweltfaktoren Förderfaktoren und Barrieren. Als Förderfaktor sollen positiv wirkende Faktoren (auf den Gesundheitszustand der Person) beschrieben (Beispiel: barrierefreier Zugang zu allen Stockwerken durch einen Aufzug), negativ wirkende Faktoren als Barrieren bezeichnet werden (Beispiel: kein Aufzug in einem mehrstöckigen öffentlichen Gebäude oder Theater).

Kapitel	Umweltfaktoren (environmental factors)
1	Produkte und Technologien
2	Natürliche und vom Menschen veränderte Umwelt
3	Unterstützung und Beziehungen
4	Einstellungen
5	Dienste, Systeme und Handlungsgrundsätze

Tabelle 5: Kapitelübersicht der Komponente Umweltfaktoren

Personbezogene Faktoren beschreiben Einflüsse von Merkmalen der Person (z. B. SchülerIn, KlientIn) und werden, anders als die anderen Komponenten der ICF, nicht kodiert. Gründe für das Nichtkodieren sind die große Vielfalt der persönlichen Eigenschaften von Menschen (auch vor dem Hintergrund kultureller Unterschiede), die für eine standardisierte und bewertende Beschreibung nicht geeignet sind. Hinzu kommt, dass eine Kodierung von personbezogenen Faktoren von vielen Fachleuten und Wissenschaftlern aus ethischen Gründen (siehe auch ethische Leitlinien der ICF) abgelehnt werden. Der Begriff *person*bezogene (*nicht: personen*bezogene) Faktoren in der ICF bringt also zum Ausdruck, dass es sich um Eigenschaften und Attribute der Person handelt (WHO 2001, WHO 2007).

In den Kapiteln werden die jeweiligen Themen immer wieder an einem Fallbeispiel (*Herr Baum*, ausführlich als Fallbeispiel in Teil III des Buches auf S. 164) veranschaulicht. Diese Erläuterungen am Fallbeispiel sind mit einem Rahmen versehen. Beispiele für die Komponenten:

- Körperfunktion (b): Eingeschränkte Herzfunktion
- Körperstruktur (s): Narbe im Gehirn rechte Seite
- Aktivität (d): Treppensteigen erschwert
- Partizipation/Teilhabe (d): Sozialer Rückzug
- Umweltfaktor (e): Sein Freund (aus Heidelberg)
- Personbezogener Faktor: 58 Jahre alt, männlich

Modell der Funktionsfähigkeit und Behinderung

Die ICF liefert mit dem bio-psycho-sozialen Modell also einen mehrperspektivischen Zugang zu Funktionsfähigkeit und Behinderung im Sinne eines interaktiven und sich entwickelnden Prozesses. Um diese Interaktion zwischen den verschiedenen Komponenten leichter erfassbar zu machen, können deren komplexe und dynamische Wechselwirkungen im bio-psycho-sozialen Modell der ICF betrachtet werden (Abbildung 1).

Wechselwirkungen beschreiben die gegenseitige Auswirkung von Inhalten in den unterschiedlichen Komponenten. Damit unterscheiden sich Wechselwirkungen deutlich von „kausalen“ Ursache-Wirkung-Beziehungen. Das bio-psycho-soziale Modell beinhaltet ein zirkuläres Denken, welches durch die Wechselwirkungen (doppelseitige Pfeile) dargestellt wird.

Beispiel für kausale Beziehung: Durch die Muskelspastik ist das freie Gehen beeinträchtigt und daraus resultiert eine Behinderung.

Beispiel für Wechselwirkung: Die Mobilität (hier: freies Gehen) steht in Wechselwirkung mit den bewegungsbezogenen Funktionen. Die Bewegungsstörung (z. B. Spastik) beeinflusst das Gehen. Das (eingeschränkte) Gehen beeinflusst wiederum die bewegungsbezogenen Funktionen und die Muskeltonusstörung. Die Mobilität kann ebenso in Wechselwirkung zu den Umweltfaktoren gesetzt werden (Hilfsmittel). Ob also ein Hilfsmittel vorhanden ist, hat ebenfalls Auswirkungen auf die Mobilität. Umgekehrt nimmt die individuelle Mobilitätseinschränkung Einfluss auf das jeweilige individuelle Hilfsmittel (Anpassung des Hilfsmittels).

→ An diesem Beispiel wird deutlich, dass das reine Denken in kausalen Wirkungszusammenhängen dem modernen Verständnis von Behinderung nicht mehr gerecht wird. Das Denken in Wechselwirkungen wiederum ermöglicht es, die verschiedenen Komponenten der ICF (Körperfunktionen und -strukturen, Umweltfaktoren, personbezogene Faktoren, Lebensbereiche) miteinander in Beziehung zu setzen und die Kontextfaktoren (Wo lebt ein Mensch? Ist die Wohnung barrierefrei? Wie sieht die wirtschaftliche Situation aus?) miteinzubeziehen. Jede Komponente kann mit den anderen Komponenten in Beziehung gesetzt werden. So ist es möglich, die Wechselwirkungen zwischen allen Bereichen anzusehen.
Beispielsweise stellt es einen Unterschied dar, ob ein 77-jähriger Mensch einen Fersenbeinbruch erleidet oder ein 21-jähriger Mensch (Wechselwirkung zwischen personbezogenen Faktoren und Gesundheitsproblem).

→ Im Praxisteil finden Sie weitere 12 Fallbeispiele zum Thema Wechselwirkungen.

Damit werden die eingeschränkten Sichtweisen eines biomedizinischen (das nur auf biologische Belange schaut) oder sozialen Konzeptes oder Modells (das nur soziale Aspekte berücksichtigt) von Krankheit und Behinderung überwunden. Die Begriffe Funktionsfähigkeit und Behinderung sind die für das Verständnis der ICF wichtigsten und komplexesten Begriffe. Der Begriff der Funktionsfähigkeit eines Menschen umfasst alle Aspekte der funktionalen Gesundheit (WHO 2001, WHO 2007).

Eine Person ist nach den Ausführungen in der ICF dann funktional gesund, wenn – vor dem Hintergrund ihrer Kontextfaktoren – ...

- ihre körperlichen Funktionen (einschließlich des mentalen Bereichs) und Körperstrukturen denen eines gesunden Menschen entsprechen (Konzepte der Körperfunktionen und -strukturen),
- sie all das tut oder tun kann, was von einem Menschen ohne Gesundheitsproblem erwartet wird (Konzept der Aktivitäten in den neun Lebensbereichen),
- sie ihr Dasein in allen Lebensbereichen, die ihr wichtig sind, in der Weise und dem Umfang entfalten kann, wie es von einem Menschen ohne gesundheitsbedingte Beeinträchtigung der Körperfunktionen oder strukturen oder der Aktivitäten erwartet wird (Konzept der Partizipation/Teilhabe in den neun Lebensbereichen)
(WHO 2001, WHO 2007).

Behinderung ist nach der Definition der ICF das Ergebnis der negativen Wechselbeziehung zwischen einer Person mit einem Gesundheitsproblem (Diagnose nach der ICD) und ihren Kontextfaktoren auf ihre funktionale Gesundheit. Behinderung kann damit nicht mehr allein in einem kausalen Zusammenhang mit der Diagnose oder den Diagnosen (nach ICD) eines Menschen gesehen werden. Der Behinderungsbegriff der ICF ist der Oberbegriff für jede Beeinträchtigung der Funktionsfähigkeit eines Menschen. Um Missverständnisse zu vermeiden, sollte in Deutschland nur der Behinderungsbegriff des SGB IX (§ 2 Abs. 1) verwendet werden (Seidel 2015).

Im bio-psycho-sozialen Modell der ICF wird die Rolle der Kontextfaktoren besonders deutlich (Abbildung 1). Die Kontextfaktoren stehen in Wechselwirkung zu dem Menschen mit einem Gesundheitsproblem und bestimmen das Ausmaß der Funktionsfähigkeit dieses Menschen mit. Umweltfaktoren liegen außerhalb des Individuums (z. B. die Einstellungen der Gesellschaft, Charakteristika der Architektur, das Rechtssystem) und sind in der Klassifikation der Umweltfaktoren aufgelistet (Tabelle 5). Personbezogene Faktoren hingegen sind (bislang) in der ICF nicht klassifiziert (und nicht kodiert), sie werden „narrativ beschrieben" (z. B. 23 Jahre alter Mann, zurückhaltend, lebensbejahend). Zu ihnen gehören Geschlecht, ethnische Herkunft, Alter, Fitness, Lebensstil, Gewohnheiten, Bewältigungsstile und andere derartige Faktoren. Es gibt Arbeitsgruppen, die in der Sozialmedizin und Rehabilitation (bei Erwachsenen) eine Kodierung von personbezogenen Faktoren vorschlagen. Die WHO spricht sich bislang eindeutig gegen eine Kodierung von personbezogenen Faktoren aus (WHO 2001, Seidel & Simon 2014).

Das bio-psycho-soziale Modell der ICF ist eng mit ihrer Philosophie verbunden. Unter der Philosophie der ICF wird der partizipative Ansatz des bio-psycho-sozialen Modells verstanden. Im bio-psycho-sozialen Modell sind alle Komponenten gleich wichtig und bedeutsam; die Diagnose ist ein Aspekt des Gesundheitszustandes. Der Mensch mit Behinderung ist bei der Beschreibung des Gesundheitszustandes und der Erstellung von Hilfe-, Förder- und Therapieplänen, zu denen auch Gesamt- und Teilhabepläne zählen, zu jeder Zeit aktiv beteiligt und entscheidet dort, wo es rechtlich möglich ist, zum jeweiligen Ende des Beratungsprozesses selbstverantwortlich, welche Inhalte die entwickelten Ziele und Pläne haben (Personenorientierung und Selbstbestimmung). Dabei arbeiten die beteiligten Fachkräfte miteinander „auf Augenhöhe“ und hierarchiefrei interdisziplinär zusammen und stehen den Menschen mit Behinderung als professionelle Berater zur Verfügung. Die ICF dient dabei als gemeinsame Sprache, die die Kommunikation aller Beteiligten erleichtert (siehe auch Kapitel 2). In diesem Prozess werden die ethischen Leitlinien der ICF beachtet. Im Vergleich zur Philosophie der ICF ist das Kodieren mit der ICF weniger bedeutsam und als nachgeordnet zu betrachten (Seidel & Simon 2014, Grampp 2019).

Merke

- Die ICF wurde von der WHO als Ergänzung zur ICD (Beschreibung von Störungen und Krankheiten als Diagnosen) in interdisziplinären Arbeitsgruppen entwickelt; beide Klassifikationen sollen gemeinsam genutzt werden.
- Mit Hilfe der ICF als internationale und interdisziplinäre Sprache kann und soll die Kommunikation zwischen den Fachkräften verbessert werden.
- Diese (einfache) Sprache „ICF“ muss erlernt werden, damit die Kommunikation ungestört sein kann.
- Der aktuelle Gesundheitszustand eines Menschen kann mit der ICF umfassend und „ganzheitlich“ unter Einbezug der wirklichen Lebenssituation (Teilhabe, Kontext) in einem bio-psycho-sozialen Modell beschrieben werden. Die Diagnose (bzw. das Gesundheitsproblem) ist dabei ein Aspekt im ICF-Modell und genauso bedeutsam wie die anderen Komponenten (z. B. Aktivitäten, Teilhabe, Kontext).

- Die Beschreibung des Gesundheitszustandes erfolgt aus der Sicht des Menschen (Personenzentrierung), der bei der Nutzung der ICF miteinzubeziehen ist (Partizipation). Daher steht die ICF auch als geeignetes Instrument für die Umsetzung der Menschenrechte und für die nationale Gesetzgebung zur Verfügung.

2 Die neun Lebensbereiche der Komponente der Aktivitäten und Partizipation

Die neun Lebensbereiche fassen Aktivitäten und Partizipation (Teilhabe) zusammen, also das Ausführen von Aufgaben und Handlungen durch einen Menschen sowie das Einbezogensein in eine Lebenssituation (WHO 2001, WHO 2007).

Auftragsklärung: Personenzentriertes Arbeiten setzt voraus, dass der Auftrag eines/einer AntragstellerIn als Erstes zu erfragen ist. Die kann mit den folgenden Fragen praktiziert werden:

- Was wünschen Sie sich?
- Was soll sich verändern?
- Was soll so bleiben wie bisher?

Ergänzende Fragen gehen auf die aktuelle Performanz im Alltag ein („Leistung“) und fragen nach den erreichbaren Möglichkeiten („Kapazität oder Leistungsfähigkeit“):

- Was gelingt Ihnen gut oder ohne große Probleme (alleine oder wenn Sie mit anderen Menschen zusammen sind) (Leistung)?
- Was gelingt Ihnen nicht so gut oder gar nicht (Leistung)?
- Was könnte Ihnen gelingen (Leistungsfähigkeit)?

Es geht also um praktische und alltagsbezogene Tätigkeiten, die eine Person alleine macht oder machen möchte (Aktivität) oder die eine Person mit anderen macht oder machen möchte (Partizipation/Teilhabe).

Beim Fragen nach Wünschen und Zielen von unterstützungssuchenden Menschen werden meistens Inhalte von „Aktivitäten“ oder „Teilhabe“ benannt (Seidel 2015, Schiariti et al. 2014, Bölte et al. 2018, Bölte et al. 2019).

Beispiele aus der Praxis

„Mein Kind soll laufen lernen und die Regelschule besuchen."

„Wir möchten, dass mein Sohn von den anderen Kindern verstanden wird."

„Ich möchte eine Berufsausbildung machen."

„Ich will im Sportverein Fußball spielen."

„Ich möchte alleine einkaufen gehen, um die Sachen auszusuchen, die ich gerne esse."

„Ich will weiter meinen Beruf in meiner Firma ausüben können."

„Ich möchte mit meinen Freundinnen zusammen ins Kino gehen."

Die Domänen für die Komponente der Aktivitäten und Partizipation (Teilhabe) sind in der ICF in einer einzigen Liste („die neun Kapitel") enthalten, die alle Lebensbereiche umfasst. Für die Praxis ist eine Unterscheidung von Aktivität und Partizipation (Teilhabe) meist nicht entscheidend oder notwendig, und auch oft nicht sicher möglich. Wichtiger ist die sichere Zuordnung von Inhalten zu den Lebensbereichen bzw. deren Zuordnung zu den jeweiligen (neun) Kapiteln. Die zwei Beurteilungsmerkmale der Lebensbereiche (Aktivitäten- und Partizipationskomponente) sind das Beurteilungsmerkmal der Leistung (Performanz) und der Leistungsfähigkeit (Kapazität). Das Beurteilungsmerkmal der Leistung beschreibt, was ein Mensch in seiner gegenwärtigen, tatsächlichen Umwelt tut (Performanz). Weil die gegenwärtige, tatsächliche Umwelt seinen sozialen Kontext umfasst, kann unter Leistung auch das „Einbezogensein in eine Lebenssituation" oder die „gelebte Erfahrung" von Menschen in ihrem derzeitigen Kontext, in welchem sie leben, verstanden werden. Dieser Kontext umfasst die Umweltfaktoren, also alle Aspekte der materiellen, sozialen und einstellungsbezogenen Welt. Leistungsfähigkeit beschreibt hingegen in der ICF, was ein Mensch in einer standardisierten Umwelt tun könnte. Dieses Konstrukt („standardisierte Umwelt") ist sehr abstrakt. Für die ICF-orientierte Arbeit ist es bedeutsam, dass Fachkräfte neben der Performanz (Leistung) erfassen, zu was eine Person zu leisten im Stande wäre, wenn die Kontextbedingungen und die Körperfunktionen und -strukturen mit in die Überlegungen einbezogen werden (WHO 2001, WHO 2008, Grampp 2019).

Kapitel	Komponente ,Aktivität und Teilhabe/Partizipation' – die neun Lebensbereiche (life domains)	Ein Beispiel für Herrn Baum
1	Lernen und Wissensanwendung	Denken d163
2	Allgemeine Aufgaben und Anforderungen	Routine erledigen d230
3	Kommunikation	Konversation d350
4	Mobilität	Treppensteigen d460
5	Selbstversorgung	Anziehen d540
6	Häusliches Leben	Haushaltsaufgaben d640
7	Interpersonelle Interaktionen und Beziehungen	Familienbeziehungen d760
8	Bedeutende Lebensbereiche	Arbeiten gehen d850
9	Gemeinschafts-, soziales und staatsbürgerliches Leben	Vereinsleben d920

Tabelle 6: Die neun Lebensbereiche in der Übersicht, bezogen auf das Fallbeispiel von Herrn Baum

Kapitel 1: Lernen und Wissensanwendung

Dieses Kapitel befasst sich mit Lernen, Anwendung des Erlernten, Denken, Probleme lösen und Entscheidungen treffen.

Wesentliche Inhalte:

Bewusste sinnliche Wahrnehmungen
d110 Zuschauen
d115 Zuhören
d120 Andere bewusste sinnliche Wahrnehmungen

Elementares Lernen
d130 Nachmachen, nachahmen
d135 Üben
d140 Lesen lernen
d145 Schreiben lernen
d150 Rechnen lernen
d155 Sich Fertigkeiten aneignen

Wissensanwendung
d160 Aufmerksamkeit fokussieren
d163 Denken
d166 Lesen
d170 Schreiben

d172 Rechnen
d175 Probleme lösen

Entscheidungen treffen
d177 Entscheidungen treffen

Kapitel 2: Allgemeine Aufgaben und Anforderungen

Dieses Kapitel befasst sich mit allgemeinen Aspekten der Ausführung von Einzel- und Mehrfachaufgaben, der Organisation von Routinen und dem Umgang mit Stress. Diese können in Verbindung mit spezifischeren Aufgaben und Handlungen verwendet werden, um die zugrunde liegenden Merkmale der Ausführung von Aufgaben unter verschiedenen Bedingungen zu ermitteln.

Wesentliche Inhalte:

Ausführung von Einzel- und Mehrfachaufgaben
d210 Eine Einzelaufgabe übernehmen
d220 Mehrfachaufgaben übernehmen

Organisation von Routinen
d230 Die tägliche Routine durchführen

Umgang mit Stress
d240 Mit Stress und anderen psychischen Anforderungen umgehen

Kapitel 3: Kommunikation

Dieses Kapitel befasst sich mit allgemeinen und spezifischen Merkmalen der Kommunikation mittels Sprache, Zeichen und Symbolen, einschließlich des Verstehens und Produzierens von Mitteilungen sowie der Konversation und des Gebrauchs von Kommunikationsgeräten und -techniken.

Wesentliche Inhalte:

Kommunizieren als Empfänger
d310 Kommunizieren als Empfänger gesprochener Mitteilungen
d315 Kommunizieren als Empfänger non-verbaler Mitteilungen
d320 Kommunizieren als Empfänger von Mitteilungen in Gebärdensprache
d325 Kommunizieren als Empfänger schriftlicher Mitteilungen

Kommunizieren als Sender
d330 Sprechen
d335 Non-verbale Mitteilungen produzieren
d340 Mitteilungen in Gebärdensprache ausdrücken
d345 Mitteilungen schreiben

Konversation und Diskussion
d350 Konversation
d355 Diskussion

Gebrauch von Kommunikationsgeräten und -techniken
d360 Kommunikationsgeräte und -techniken benutzen

Kapitel 4: Mobilität

Dieses Kapitel befasst sich mit der eigenen Bewegung durch Änderung der Körperposition oder -lage oder Verlagerung von einem Platz zu einem anderen, mit der Bewegung von Gegenständen durch Tragen, Bewegen oder Handhaben, mit der Fortbewegung durch Gehen, Rennen, Klettern oder Steigen sowie durch den Gebrauch verschiedener Transportmittel.

Wesentliche Inhalte:

Die Körperposition ändern und aufrechterhalten
d410 Eine elementare Körperposition wechseln
d415 In einer Körperposition verbleiben
d420 Sich verlagern

Gegenstände tragen, bewegen und handhaben
d430 Gegenstände anheben und tragen
d435 Gegenstände mit den unteren Extremitäten bewegen
d440 Feinmotorischer Handgebrauch
d445 Hand- und Armgebrauch

Gehen und sich fortbewegen
d450 Gehen
d455 Sich auf andere Weise fortbewegen
d460 Sich in verschiedenen Umgebungen fortbewegen
d465 Sich unter Verwendung von Geräten/Ausrüstung fortbewegen

Sich mit Transportmitteln fortbewegen
d470 Transportmittel benutzen
d475 Ein Fahrzeug fahren
d480 Tiere zu Transportzwecken reiten

Kapitel 5: Selbstversorgung

Dieses Kapitel befasst sich mit der eigenen Versorgung, dem Waschen, Abtrocknen und der Pflege des eigenen Körpers und seiner Teile, dem An- und Ablegen von Kleidung, dem Essen und Trinken und der Sorge um die eigene Gesundheit.

Wesentliche Inhalte:

Waschen und Pflege des eigenen Körpers
d510 Sich waschen
d520 Seine Körperteile pflegen
d530 Die Toilette benutzen

An- und Ablegen von Kleidung
d540 Sich kleiden

Essen und Trinken
d550 Essen
d560 Trinken

Auf seine Gesundheit achten
d570 Auf seine Gesundheit achten

Kapitel 6: Häusliches Leben

Dieses Kapitel befasst sich mit der Ausführung von häuslichen und alltäglichen Handlungen und Aufgaben. Die Bereiche des häuslichen Lebens umfassen die Beschaffung einer Wohnung, von Lebensmitteln, Kleidung und anderen Notwendigkeiten, Reinigungs- und Reparaturarbeiten im Haushalt, die Pflege von persönlichen und anderen Haushaltsgegenständen und die Hilfe für andere.

Wesentliche Inhalte:

Beschaffung von Lebensnotwendigkeiten
d610 Wohnraum beschaffen
d620 Waren und Dienstleistungen des täglichen Bedarfs beschaffen

Haushaltsaufgaben
d630 Mahlzeiten vorbereiten
d640 Hausarbeiten erledigen

Haushaltsgegenstände pflegen
d650 Haushaltsgegenstände pflegen

Haushaltsmitgliedern und anderen beim Lernen, Kommunizieren, der Selbstversorgung, der (Fort-)Bewegung innerhalb und außerhalb des Hauses helfen
d660 Anderen helfen

Kapitel 7: Interpersonelle Interaktionen und Beziehungen

Dieses Kapitel befasst sich mit der Ausführung von Handlungen und Aufgaben, die für die elementaren und komplexen Interaktionen mit Menschen (Fremden, Freunden, Verwandten, Familienmitgliedern und Liebespartnern) in einer kontextuell und sozial angemessenen Weise erforderlich sind.

Wesentliche Inhalte:

Allgemeine interpersonelle Interaktionen
d710 Elementare interpersonelle Aktivitäten
d720 Komplexe interpersonelle Interaktionen

Besondere interpersonelle Beziehungen
d730 Mit Fremden umgehen
d740 Formelle Beziehungen
d750 Informelle soziale Beziehungen
d760 Familienbeziehungen
d770 Intime Beziehungen

Kapitel 8: Bedeutende Lebensbereiche

Dieses Kapitel befasst sich mit der Ausführung von Aufgaben und Handlungen, die für die Beteiligung an Erziehung/Bildung, Arbeit und Beschäftigung sowie für die Durchführung wirtschaftlicher Transaktionen erforderlich sind.

Wesentliche Inhalte:

Erziehung/Bildung
d810 Informelle Bildung/Ausbildung
d815 Vorschulerziehung
d820 Schulbildung
d825 Theoretische Berufsausbildung
d830 Höhere Bildung und Ausbildung

Arbeit und Beschäftigung
d840 Vorbereitung auf Erwerbstätigkeit
d845 Eine Arbeit erhalten, behalten und beenden
d850 Bezahlte Tätigkeit
d855 Unbezahlte Tätigkeit

Wirtschaftliches Leben
d860 Elementare wirtschaftliche Transaktionen
d865 Komplexe wirtschaftliche Transaktionen
d870 Wirtschaftliche Eigenständigkeit

Kapitel 9: Gemeinschafts-, soziales und staatsbürgerliches Leben

Dieses Kapitel befasst sich mit Handlungen und Aufgaben, die für die Beteiligung am organisierten sozialen Leben außerhalb der Familie, in der Gemeinschaft sowie in verschiedenen sozialen und staatsbürgerlichen Lebensbereichen erforderlich sind.

Wesentliche Inhalte:

Beteiligung am organisierten sozialen Leben außerhalb der Familie
d910 Gemeinschaftsleben
d920 Erholung und Freizeit
d930 Religion und Spiritualität
d940 Menschenrechte
d950 Politisches Leben und Staatsbürgerschaft

Merke

- Die neun Lebensbereiche in der ICF fassen Aktivitäten (Ausführen von Aufgaben und Handlungen durch einen Menschen) und Partizipation/Teilhabe (Einbezogensein eines Menschen in eine Lebenssituation) zusammen.
- Personenzentriertes Arbeiten setzt voraus, dass der Auftrag eines/einer AntragstellerIn oder eines Hilfesuchenden als Erstes zu erfragen ist. Die kann mit den folgenden Fragen praktiziert werden:
  - Was wünschen Sie sich?
  - Was soll sich verändern?
  - Was soll so bleiben wie bisher?
- Ergänzende Fragen gehen auf die aktuellen Aktivitäten alleine oder mit anderen Menschen („Performanz oder Leistung") ein und fragen nach den erreichbaren Möglichkeiten („Kapazität oder Leistungsfähigkeit"):
  - Was gelingt Ihnen gut oder ohne große Probleme (alleine oder wenn Sie mit anderen Menschen zusammen sind) (Leistung)?
  - Was gelingt Ihnen nicht so gut oder gar nicht (Leistung)?
  - Was könnte Ihnen gelingen (Leistungsfähigkeit)?
- Beim Fragen nach Wünschen und Zielen nennen AdressatInnen meistens Inhalte von „Aktivitäten" od er „Teilhabe" und nicht Körperfunktionen oder Körperstrukturen.

3 Kodieren und Dokumentieren mit der ICF

Allgemeiner Teil

Mit Hilfe der ICF kann eine Dokumentation des Gesundheitszustandes transparent, nachvollziehbar und ökonomisch gestaltet werden, d. h. die Anwendung der ICF zu Dokumentationszwecken kann zeitökonomisch vorteilhaft genutzt werden und bedeutet nicht, dass ein zeitlicher Mehraufwand erforderlich wird. Voraussetzung dafür ist meist eine Umstellung der Dokumentationssysteme („Umbau statt Anbau“) und Absprache der AkteurInnen (in einem Versorgungssystem oder Sozialraum). Sofern keine Anpassung („Umbau“) erfolgt, sondern eine ergänzende Beschreibung mit der ICF an einem bestehenden Dokumentationssystem vorgenommen wird, resultieren daraus meist Mehrarbeit und Frustration für die Ausübenden („Anbau“). Dies gilt es zu verhindern.

Bevor explizit die Kodierung mittels der ICF beschrieben wird, muss an dieser Stelle auf die ethischen Leitlinien der WHO zum Gebrauch und Nutzung der ICF eingegangen werden. Diese sagen unter anderem aus, dass die ICF nie benutzt werden sollte, um einzelne Menschen zu etikettieren oder sie nur mittels einer oder mehreren Kategorien von Behinderung zu identifizieren und dass das Individuum mit seinem ihm innewohnenden Wert stets geschätzt und seine Autonomie respektiert werden sollte. Insofern spricht sich die WHO eindeutig dagegen aus, dass die Kodierung genutzt wird, um Menschen zu klassifizieren. Lediglich der aktuelle Gesundheitszustand eines Menschen soll personenzentriert dargestellt werden (WHO 2001, WHO 2007).

Inwieweit und wie ausführlich eine Kodierung mit der ICF erfolgt, sollte immer vor dem Hintergrund erfolgen, ob mit dem Kodieren ein Nutzen erzielt wird. Dies ist intern sowie mit den KooperationspartnerInnen im Sozialraum zu beraten. Die Anwendung der Philosophie der ICF ist bedeutender als das Kodieren.

Der Gesundheitszustand und die mit Gesundheit zusammenhängenden Zustände einer Person können mit einer Reihe von Kodes abgebildet werden, welche die beiden Teile der Klassifikation umfassen. Die Kodes können „narrativ“ mit individuellen Beschreibungen ergänzt werden. Dadurch wird die Dokumentation mit der ICF an das Individuum angepasst.

Für das Kodierungssystem wird ein alphanumerisches System benutzt, bei dem die Buchstaben

- „b“ für Körperfunktionen (*b*ody functions),
- „s“ für Körperstrukturen (body *s*tructures),
- „d“ für die Lebensbereiche (Aktivitäten und Partizipation/Teilhabe) (life *d*omains)) sowie
- „e“ für Umweltfaktoren (*e*nvironmental factors)

verwendet werden. Für den Umgang mit der ICF müssen keine Kodes auswendig gelernt werden. Diese vier Präfixe „b“, „s“, „d“ und „e“ müssen zugeordnet werden können. Jedem Buchstaben folgt ein numerischer Kode, der mit der Kapitelnummer (erste Ziffer) beginnt, gefolgt von der zweiten Gliederungsebene (zweiziffrig) sowie der dritten und vierten Ebene (jeweils einziffrig). Diese Kodes können durch Beurteilungsmerkmale ergänzt werden (WHO 2001, WHO 2007).

Das heißt, die ersten beiden Stellen eines Kodes zeigen an, welche Komponente (also Körperfunktion oder -struktur, Lebensbereich oder Umweltfaktor) beschrieben wird und aus welchem Kapitel der Inhalt kommt (Beispiele *b1*xx beschreibt eine Körperfunktion aus Kapitel 1; *d3*xx beschreibt den Lebensbereich Kommunikation, *e4*xx beschreibt die Einstellung einer anderen Person als Umweltfaktor).

Die WHO hat mit der ICF festgelegt, dass eine nähere Beschreibung eines Inhaltes, der mit einem Kode ausgedrückt wird, erfolgen kann. Hierfür sollen sogenannte Beurteilungsmerkmale ergänzend zum Kode benutzt werden. Das erste Beurteilungsmerkmal soll für alle kodierten Komponenten das Ausmaß von Problemen (Störungen und Beeinträchtigungen) beschreiben (Tabelle 7).

Erstes Beurteilungsmerkmal (Ausmaß oder Größe des Problems)			
Xxxx.0	Problem nicht vorhanden	... ohne, kein, unerheblich, ...	0–4 Prozent
Xxxx.1	Problem leicht ausgeprägt	... schwach, gering, ...	5–24 Prozent
Xxxx.2	Problem mäßig ausgeprägt	... mittel, ziemlich, ...	25–49 Prozent
Xxxx.3	Problem erheblich ausgeprägt	... hoch, äußerst, ...	50–95 Prozent
Xxxx.4	Problem voll ausgeprägt	... komplett, total, ...	96–100 Prozent
Xxxx.8	Nicht spezifiziert		
Xxxx.9	Nicht anwendbar		

Tabelle 7: Beschreibung von Ausmaß oder Größe eines Problems mit einem Beurteilungsmerkmal

Beispiele: Die Körperfunktion „Muskeltonus“ wird im Kapitel 7 kodiert mit dem vierstelligen alphanumerischen Kode b735. Ist der Muskeltonus zum Beispiel bei einem Menschen nach einem Schlaganfall erheblich gestört („Spastik“), so würde der Kode mit dem Beurteilungsmerkmal b735.3 („Ausgeprägte Spastik, beinbetont“) beschrieben. Kann dieselbe Person nicht (mehr) frei laufen, so wäre der Kode d450.4 („Frau Schmidt kann auch mit Rollator nicht alleine gehen“) zu benutzen.

Herr Baum hat starke Rückenschmerzen, die ihn laut eigener Aussage sehr stark in seiner täglichen Routine einschränken. Dies könnte folgendermaßen ausgedrückt werden: b280.3 Rückenschmerzen, d230.3 Die tägliche Routine durchführen.

Eine exakte und „objektive“ Abgrenzung auf der fünfstufigen Skala (0–4) für die Schweregrade beim ersten Beurteilungsmerkmal von „Problem nicht vorhanden (0)“ bis „Problem voll ausgeprägt (4)“ ist nicht (immer) eindeutig möglich. Es gibt meist keine objektiven Instrumente für eine „exakte“ Operationalisierung. Entsprechendes gilt für die Anwendung einer solchen Beurteilung bei ICF-basierten Assessments und Bedarfsermittlungsverfahren. Außerdem gilt es zu bedenken, dass diese Beurteilung aus der Sicht der Person erfolgen soll, deren Gesundheitszustand mit der ICF beschrieben wird, und nicht aus der primären Sicht einer Fachperson.

Ein wichtiges Ziel der ICF ist es, die Auskunftsperson mit einzubeziehen in der Feststellung der Art und des Ausmaßes ihrer Funktionsfähigkeit im Kontext ihrer Umwelt. Bei sehr jungen Kindern und Menschen mit Beeinträchtigungen der kognitiven und/oder sprachlichen Funktionen sowie in der Kommunikation sind die jeweiligen Personensorgeberechtigten bzw. die BetreuerInnen zu befragen. Sofern eine fachliche Sicht von der Perspektive der Index-Person abweicht, wäre diese gesondert zu beschreiben/dokumentieren (WHO 2001, Schuntermann 2005, Seidel & Simon 2014). Die weiteren Beurteilungsmerkmale .8 sowie .9 werden verwandt, wenn die Informationen unzureichend sind (.8) oder der Kode nicht angewandt werden kann (wie beispielsweise Menstruationsstörungen bei einem Mann – .9).

Die maximale Zahl von Kodes ist pro Person auf der einziffrigen Ebene (erste Gliederungsstufe) gleich 34 (jeweils 8 Kodes für Körperfunktionen und für Körperstrukturen, 9 für Leistung und 9 für Leistungsfähigkeit). Auf der dreiziffrigen Ebene (zweite Gliederungsstufe) ist die Gesamtzahl der Kodes gleich 362. Auf den stärker detaillierten Gliederungsstufen kann die Gesamtzahl der Kodes auf über 1400 (Erwachsenenversion der ICF) bzw. über 1600 (Kinder- und Jugendversion der ICF) anwachsen. Eine vollständige Kodierung mit der ICF zur Beschreibung des Gesundheitszustandes einer Person ist im Arbeitsalltag nicht angemessen, und auch nicht zu leisten. Es ergibt keinen Sinn, alle möglichen Kodes der ICF bei der Beschreibung des Gesundheitszustandes oder bei der Bedarfsermittlung durchzugehen. Wesentlich sinnvoller ist die narrative Beschreibung des Gesundheitszustandes und das Überprüfen, ob alle Belange des bio-psycho-sozialen Modells betrachtet wurden. Zuletzt dann – nach der interdisziplinären Abstimmung – sollten die wesentlichen Inhalte der Beschreibung des Gesundheitsproblems sowie die abgestimmten Ziele „in die ICF übersetzt werden".

Die allgemeinen Kodierungsregeln der ICF sind umfangreich und erscheinen durch die teils technokratische Sprache – die zunächst erlernt werden muss – sehr komplex. In ihrer vollen Umfänglichkeit finden die Kodierungsregeln in Bereichen wie zum Beispiel der Eingliederungshilfe oder der Rehabilitation nur teilweise Anwendung. Es gibt sogar Bedarfsermittlungsverfahren, die auf die Anwendung der Kodes vollständig verzichten (z. B. BEI_NRW). Der ICF-Orientierung wird dann durch die Anwendung des bio-psycho-sozialen Modells sowie der „ICF-Philosophie" unter Bezugnahme auf die neun Lebensbereiche Rechnung getragen.

Bedeutend sind die Definitionen und Kodes zur präzisen Beschreibung des Gesundheitszustandes (wenn dies gefordert und sinnvoll ist). In der praktischen Anwendung der ICF dürfte dann (nach Einschätzung der WHO) eine Kode-Zahl von 3 bis 18 für die Beschreibung eines Falles mit der Genauigkeit der zweiten Gliederungsstufe (dreiziffrig) ausreichend sein. Allgemein ist die stärker detaillierte Vier-Ebenen-Version für spezielle Dienste (z. B. spezielle Rehabilitationsergebnisse, Forschungsprojekte) vorgesehen, während die Zwei-Ebenen-Klassifikation für Erhebungen und Ergebnisevaluation im Kontext sozialer, pädagogischer oder medizinischer Aufgaben verwendet werden kann. Für die Anwendung der ICF wird von der WHO eine Schulung empfohlen; die meisten Fachleute empfehlen eine zweitägige Basisschulung mit Praxisbezug, idealerweise mit VertreterInnen unterschiedlicher Professionen (WHO 2001, Seidel 2015, Mukaino et al. 2020).

Personbezogene Faktoren sind in der ICF nicht kodiert, da sich die WHO aus kulturellen und ethischen Gründen bislang gegen eine solche Kodierung ausspricht. Die personbezogenen Faktoren können durch das jeweilige Bedarfsermittlungsverfahren oder einen Erhebungsbogen dargestellt werden. Nur weil sie nicht kodiert sind, heißt das nicht, dass sie weniger bedeutsam sind.

Spezieller Teil

An dieser Stelle wird detailliert auf das Thema Kodieren eingegangen; dies wird aus didaktischen Gründen (Vollständigkeit) als gesondertes Unterkapitel dargestellt.

Die ICF unterteilt sich in ihrer Struktur in:

- die Klassifikation der ersten Ebene (Kapitelüberschriften, z. B. „d3")
- die Klassifikation der zweiten Ebene (Kurzversion, z. B. „d350")
- die detaillierte Klassifikation (z. B. „d3503")

Die Klassifikation der ersten Ebene

Damit sind die Kapitelüberschriften zu den jeweiligen Domänen gemeint, z. B.:

Klassifikation der Aktivitäten und Partizipation [Teilhabe]

Kapitel 1: Lernen und Wissensanwendung
Kapitel 2: Allgemeine Aufgaben und Anforderungen
Kapitel 3: Kommunikation
Kapitel 4: Mobilität
Kapitel 5: Selbstversorgung
Kapitel 6: Häusliches Leben
Kapitel 7: Interpersonelle Interaktionen und Beziehungen
Kapitel 8: Bedeutende Lebensbereiche
Kapitel 9: Gemeinschafts-, soziales und staatsbürgerliches Leben

Der erstbenannte Buchstabe eines Kodes verweist auf die jeweilige Komponente der ICF. Die aufgeführte Domäne bei den Lebensbereichen (Aktivitäten und Partizipation) umfasst neun Kapitel. Wenn von „d6" gesprochen wird, ist somit der Lebensbereich „häusliches Leben" gemeint.

Die Klassifikation der Körperfunktionen und -strukturen umfassen jeweils acht Kapitel und die Umweltfaktoren sind in fünf Kapitel aufgegliedert. Dieselbe Systematik durchzieht sich durch die verschiedenen Domänen, beispielsweise ist mit dem alphanumerischen Kennzeichen „b1" die Domäne der Körperfunktionen angesprochen („b") und die Zahl („1") weist auf das jeweilige Kapitel hin. Also: Klassifikation der Körperfunktionen „b" und „1" das Kapitel „Mentale Funktionen".

Die Klassifikation der zweiten Ebene (Kurzversion)

Hier sehen Sie ein Beispiel aus der Liste der Kapitelüberschriften und die erste Verzweigungsebene der Klassifikation:

Klassifikation der Aktivitäten und Partizipation [Teilhabe]

Die Klassifikation der zweiten Ebene besteht aus einem vierstelligen alphanumerischen Kode („d430"). Die ersten beiden Zeichen sind wie oben beschrieben die Kennzeichnung für die Domäne sowie die Anzeige des Kapitels („d4"). Die dritte und vierte Stelle des Kodes geben Rückschlüsse auf den Bereich, der angesprochen wird („30").

Die Klassifikation der zweiten Ebene wird beispielsweise oft in den Bedarfsermittlungsverfahren der Eingliederungshilfe genutzt.

Herr Baum klagt über Beschwerden beim Einkaufen, er könne kaum seinen Einkauf in die Wohnung tragen. Dies würde wie folgt kenntlich gemacht werden:
Kapitel 4: Mobilität
d430 Gegenstände anheben und tragen (Einkaufstaschen tragen)

Die detaillierte Klassifikation mit Definitionen (Vollversion)

Hier werden alle Kodes, die es in der ICF gibt, aufgelistet und definiert, also alle Kategorien der Klassifikation mit ihren Definitionen sowie Ein- und Ausschlüssen, zum Beispiel:

Klassifikation der Aktivitäten und Partizipation [Teilhabe]

Kapitel 3:	Kommunikation
d335	Non-verbale Mitteilungen produzieren Gesten, Symbole und Zeichnungen zur Vermittlung von Bedeutungen einzusetzen, wie seinen Kopf schütteln, um Uneinigkeit anzuzeigen, oder ein Bild oder Diagramm zeichnen, um eine Tatsache oder eine komplexe Vorstellung zu vermitteln Inkl.: Körpergesten, Zeichen, Symbole, Zeichnungen und Fotos produzieren
d3350	Körpersprache einsetzen
d3351	Zeichen und Symbole produzieren
d3352	Zeichnungen und Fotos machen

Die Vollversion der ICF besteht aus einem fünf- bis sechsstelligen alphanumerischen Kode. Die fünfte bzw. sechste Stelle spezifiziert in welchem Bereich die Funktionsfähigkeit eingeschränkt wird. In oben genannten Beispielen bezieht sich die Spezifizierung auf „Körpersprache einsetzen", „Zeichen und Symbole produzieren" oder „Zeichnungen und Fotos machen".

Die ausführliche Vollversion eignet sich zum Kennenlernen der ICF. In der Praxis, die durch das BTHG maßgebend geformt wird, reicht meist die vertiefende Kenntnis der zweiten Ebene aus. Um die zweite Ebene der Klassifikation genau zu kennen, eignet sich die Auseinandersetzung mit der Vollversion. Zudem werden in der Vollversion auch Hinweise zu der Ausgrenzung anderer Items gegeben („Exkl.").

> Um *Herr Baums* Beeinträchtigung spezifischer zu beschreiben, könnte folgende Kodierung gewählt werden:
> d4301 Mit den Händen tragen (Einkaufstaschen tragen)
> Einen Gegenstand mit den Händen von einem Platz an einen anderen zu tragen oder zu transportieren, wie ein Trinkglas oder einen Koffer tragen.

Detaillierte Beurteilungsmerkmale der einzelnen Komponenten

Das erste Beurteilungsmerkmal ist bei allen Komponenten, die kodiert werden können, gleich (s. o. im allgemeinen Teil in diesem Kapitel).

Die *Körperfunktionen (b)* werden mit einem Beurteilungsmerkmal (siehe Tabelle 7) nach dem Kode dargestellt. Beispielsweise: Funktionen der psychischen Energie und des Antriebs b130._

> *Herr Baum* berichtet, dass er sich sehr antriebsarm fühlt. Ähnliches schildert seine Ehefrau. Dies könnte folgendermaßen kenntlich gemacht werden: b130.3 (Antrieb ist erheblich eingeschränkt).

Bei der Komponente der *Körperstrukturen (s)* gibt es – zusätzlich zum ersten Beurteilungsmerkmal (siehe Tabelle 7) – zwei weitere Beurteilungsmerkmale. Diese können dazu genutzt werden, weitere Gegebenheiten darzustellen:

2. *mögliches Beurteilungsmerkmal:* s ___ ___ ___ (__). ___ ___ ___

Dient zur Dokumentation der *Art* oder Veränderung in der entsprechenden Körperstruktur:

0	keine Veränderung
1	nicht vorhanden
2	teilweise nicht vorhanden
3	zusätzlicher Teil
4	von der üblichen Form abweichend (aberrant)
5	Diskontinuität
6	abweichende Lage
7	qualitative Strukturveränderung, einschließlich Ansammlung von Flüssigkeit
8	nicht spezifiziert
9	nicht anwendbar

3. *mögliches Beurteilungsmerkmal:* s ___ ___ ___ (__). ___ ___ ___

Dient zur Dokumentation der *Lokalisation* (in Entwicklung):

0	mehr als eine Region
1	rechts
2	links
3	beidseitig
4	frontal
5	dorsal
6	proximal
7	distal
8	nicht spezifiziert
9	nicht anwendbar

Die drei Stellen hinter dem „." können also durch maximal drei Beurteilungsmerkmale näher ausgeführt werden: s ___ ___ ___ (__). ___ ___ ___

Herr Baum hatte einen Schlaganfall. Dieser hat eine strukturelle Schädigung im Gehirn hinterlassen. Diese Schädigung kann in folgender Weise beschrieben werden:

Struktur des Gehirns s110. 2 4 1

So wird ausgedrückt, dass der Schlaganfall eine Schädigung im Gehirn hinterlassen hat (s*110*.241), deren Ausmaß als mäßig eingeschätzt wird. (s110. **2** 4 1). Seit dem Ereignis weicht die Struktur seines Gehirns von der üblichen Form ab (s110. 2 **4** 1), und die Veränderung befindet sich auf der rechten Seite (s110. 2 4 **1**).

In der Domäne der *Lebensbereiche (d)* gibt es ebenso die Möglichkeit, mehr als nur ein Beurteilungsmerkmal zu benutzen. Die erste Stelle nach dem Item (Kode) beschreibt hier die „Leistung" (das, was ein Mensch in seiner Umwelt tut). An der nachfolgenden (zweiten) Stelle kann die „Leistungsfähigkeit" (was ein Mensch tun könnte, wenn er erforderliche Unterstützungsmöglichkeiten bekommen würde) beschrieben werden. Wenn ein querschnittsgelähmter Mensch also (noch) keinen Rollstuhl besitzt, dann könnte mit „d470.40" (Transportmittel benutzten) ausgesagt werden, dass der Mensch kein Transportmittel benutzen kann, da er es – in diesem Fall den Rollstuhl – noch nicht hat (1. Beurteilungsmerkmal „4" für die Leistung), und mit der weiteren Stelle (2. Beurteilungsmerkmal „0" Leistungsfähigkeit) kann ausgesagt werden, dass er es benutzen könnte und damit mobil wäre, wenn er eines hätte. Dieses theoretische Gedankenkonstrukt wird teilweise in den Verfahren der Bedarfsermittlung gewählt, um zu beschreiben, was ein Mensch tatsächlich in seiner Umwelt „kann" und was er in einer Umwelt mit ausreichend Unterstützungsmöglichkeiten „könnte".

Herr Baum ist ein sehr intelligenter Mann, der sich stets gut um seine Familie und sich selbst kümmern konnte. Zum aktuellen Zeitpunkt schafft er es nicht mehr, auf seine Gesundheit zu achten. Dafür benötigt Herr Baum zurzeit professionelle Unterstützung, z. B. durch Gespräche mit seinem Hausarzt. Diese Veränderung ließe sich wie folgt ausdrücken:

d570 Auf seine Gesundheit achten

d570.31 Auf seine Gesundheit achten (aktuell fällt dies Herr Baum schwer „3", dies kann aber durch die Ausschöpfung des vorhandenen Netzwerkes verbessert werden „1")

In der Komponente der *Umweltfaktoren (e)* wird zwischen Förderfaktoren und Barrieren unterschieden. Ein Förderfaktor, je nachdem wie stark er ausgeprägt ist, wird hinter dem Item (Kode) mit einem „+" gekennzeichnet. Beispiel: e120+4 beschreibt einen individuell angepassten Rollstuhl, der z. B. von der Nutzerin als optimal eingeordnet wird. Wäre ein Rollstuhl für die selbe Benutzerin eine Barriere, beispielsweise, da der Rollstuhl nicht passt und nicht funktioniert könnte durch e120.4 ausgedrückt werden, dass der Rollstuhl als vollständige Barriere empfunden wird. Bei den Umweltfaktoren steht das „+" (Plus) also für Förderfaktor und der „." (Punkt) für Barriere.

Herr Baum ist mit seinem Hausarzt befreundet. Er fühlt sich bei ihm vertraut und gut aufgehoben, sodass sein Freund (Hausarzt) ihm ebenfalls neue Anreize zu Behandlungsmethoden geben kann. Somit ist sein Freund und Arzt für ihn ein Förderfaktor, der voll ausgeprägt ist:

e355+4 Hausarzt

Der Zigarettenkonsum von Herr Baum wirkt sich eher nachteilig auf seinen Gesundheitszustand aus. Dies wäre folgendermaßen zu kodieren:

e110.3 Produkte und Substanzen für den persönlichen Gebrauch (Zigaretten)

Praktisches Arbeiten mit Kodierungen

ICF-orientiertes Arbeiten meint nicht, die Kodierungen auswendig zu kennen, sondern zu wissen, wo welcher Inhalt einzuordnen ist (→ neues Ordnungssystem). Häufig werden in der Praxis Kodes verwandt, die „nur“ bis zur zweiten Ebene der ICF gehen (z. B. b114, Funktionen der Orientierung). Beispielsweise werden in Bedarfsermittlungsverfahren in der Eingliederungshilfe häufig „nur“ Kodierungen der zweiten Ebene zur Darstellung des aktuellen Gesundheitszustandes genutzt – vorzugsweise bei der Komponente der Lebensbereiche (d). Im Bereich medizinischer Rehabilitation spielen Körperfunktionen und -strukturen eine bedeutendere Rolle bei der ICF-orientierten Bedarfsermittlung, da es oft auch um eine (mögliche) Funktionsverbesserung geht.

Im Allgemeinen ist es wichtig, keine Komponente des bio-psycho-sozialen Modells bei der Beschreibung und Dokumentation außer Acht zu lassen und interdisziplinär Sichtweisen zu ergänzen. Das Ziel ist ein „ganzheitliches Bild“ des Gesundheitszustandes zu erlangen. Jede Disziplin hat ihre eigene Expertise und kann zu den jeweiligen Komponenten vielleicht unterschiedlich viel beitragen. Jedoch darf und soll jede Profession Anmerkungen zu allen Komponenten der ICF machen. Für die Praxis ist es unabdingbar, die Definitionen der verschiedenen Komponenten zu kennen und zu wissen, wo welche Inhalte und Beschreibungen einzuordnen sind. Hierzu können heute ebenfalls Onlinetools als Arbeitshilfen verwandt werden. Solche Hilfen sind im Internet kostenlos verfügbar (z. B. die ICF als Vollversion-PDF zu durchsuchen, der „ICF-Lotse“ von rehadat, die „ICF-Praxis WebApp“ von vae-kontexte).

Für das praktische Arbeiten mit der ICF und ihren Kodierungen spielen der Kontext und das Setting eine maßgebende Rolle. Häufig sind Kodierungen der zweiten Ebene ausreichend, wenn eine narrative Erklärung zum jeweiligen Kode erfolgt.

Dokumentieren auf Grundlage der ICF

Wenn das System sowie die Philosophie der ICF in den Arbeitskontext und auf der Organisationsebene übernommen wurde, so empfiehlt es sich ebenfalls auf Grundlage dessen zu dokumentieren. Dies kann arbeitsfeldspezifisch ausgerichtet werden.

Kontakt (Uhrzeit, Ort)	Maßnahme	Förderinhalte/Teilhabeorientierung nach der ICF
15:00 – 17:00 Uhr, Einrichtung	Gespräch zur Selbstreflexion nach Krisensituation mit Partner	d570 Auf seine Gesundheit achten d770 Intime Beziehungen b126 Funktionen von Temperament und Persönlichkeit

Tabelle 8: Interne Arbeitsdokumentation nach ICF

Tabelle 8 ist ein Vorschlag, das Dokumentationssystem ICF-orientiert auszulegen. Wie erwähnt, kann dies arbeitsfeldspezifisch ausgelegt werden. Je nachdem welche Schwerpunkte im jeweiligen Setting vordergründig sind, kann die Art der Dokumentation variieren. Ebenso hängt die Dokumentationsweise von rechtlichen und/oder institutionellen Vorgaben ab.

Merke

- Die Kodes (Items) der ICF besitzen die Präfixe „b, s, d, e" und zeigen mit der ersten Ziffer das jeweilige Kapitel der gewählten Komponente an.
- Die ICF besitzt eine Klassifikation der ersten Ebene („Kapitel"), der zweiten Ebene (vierstelliger alphanumerischer Kode) sowie die ausführliche Vollversion (fünf- bis sechsstelliger alphanumerischer Kode).
- Mit den Beurteilungsmerkmalen können die Kodes präzisiert werden; alternativ kann eine kurze Narration den Kode individuell ergänzen.
- Für die Praxis reicht es häufig aus, Kodes der zweiten Ebene mit einer narrativen Beschreibung zu nutzen.
- Eine ICF-orientierte Dokumentation kann einrichtungsspezifisch ausgelegt werden.

4 Die ICF als gemeinsame Sprache – eine Chance für die interdisziplinäre Zusammenarbeit

Bei Beeinträchtigungen der Aktivitäten oder Teilhabe benötigen die Menschen, unabhängig davon, ob es sich dabei um einen Säugling, ein Kleinkind, ein Schulkind, einen Jugendlichen oder Erwachsenen handelt, oft mehrere Fachleute für die Bereiche der Beratung, Diagnostik, Hilfen, Förderung und Therapie.

Die Kommunikation zwischen den Menschen mit Beeinträchtigungen mit den Fachleuten sowie die Kommunikation zwischen den Fachleuten ist in der Praxis nicht selten erschwert, manchmal sogar problematisch oder gestört. Dabei können verschiedene Interessen und Blickwinkel der Professionen, unterschiedliche Systematiken in den jeweiligen Institutionen und Versorgungssystemen oder auch differente Arbeitsorte die Kommunikation weiter erschweren. Zur Verbesserung der Kommunikation stellt die ICF eine gemeinsame, universelle und international einheitliche Sprache für die Beschreibung von Gesundheitszuständen, sowohl für Professionelle, wie auch für Menschen mit Beeinträchtigungen und ihre Familien, dar. Darüber hinaus ist die ICF die einzige international anerkannte und verbreitete Klassifikation, die dies bietet (WHO 2001, Seidel & Simon 2014).

Die Anwendung der ICF kann bei der Versorgung von unterstützungssuchenden, chronisch Kranken und Menschen mit Behinderungen und einem differenzierten Sozialsystem mit unterschiedlichen Leistungsträgern und Zuständigkeiten, wie zum Beispiel in Deutschland, deshalb besonders hilfreich sein. Diese gemeinsame Sprache macht also die besondere Attraktivität der ICF aus. Sie bietet damit im Grunde genommen eine „barrierefreie" Basis für den interdisziplinären Austausch und die Diskussion für diejenigen, die bereit sind, eine solche zu führen. Wissenschaftliche Studien unterstreichen, dass ICF-basierte Handlungspläne von Fachkräften unterschiedlicher Profession sowie den Menschen mit Beeinträchtigungen und deren Angehörigen verstanden werden. Die Anwendung der ICF kann auch dazu beitragen, dass die interdisziplinäre Zusammenarbeit und Arbeitsprozesse weiter verbessert werden können. Ein differenziertes Diagnostik-, Beratungs-, Hilfe- und Therapiekonzept bedarf in der Praxis meist einer interdisziplinären Abstimmung, damit den Bedürfnissen der Menschen entsprochen werden kann (Seidel 2015, Mukaino et al. 2020).

Die Entwicklung eines gemeinsamen ICF-basierten Rahmenkonzeptes kann dabei unabhängig von einem spezifischen Gesundheitsproblem oder einer Diagnose erfolgen. Die Anwendung eines Rahmenkonzeptes mit der ICF kann die Entwicklung von Zielen sowie die Überprüfung von Zielen im (sozial-)pädagogischen, sozialen oder medizinisch-therapeutischen Setting sein. Die jeweiligen Fachkräfte müssen bereit sein für den interdisziplinären Austausch und sollten im Abstimmungsprozess gleichberechtigt miteinander sprechen. Dies erfordert eine neue Kultur der Zusammenarbeit, bei der vertrauensvoll und „auf Augenhöhe" miteinander zu kommunizieren ist. Nur so kann die Personenzentrierung und interdisziplinäre Zusammenarbeit gelingen (Seidel & Simon 2014).

Viele Menschen mit Beeinträchtigungen benötigen im Alltag Hilfen aus „verschiedenen Systemen". Nicht selten haben die Menschen zehn oder deutlich mehr Fachkräfte als AnsprechpartnerInnen (beispielsweise aus der Bildungsinstitution oder am Arbeitsplatz, beim Jugend- oder Sozialamt, bei der Krankenkasse, bei der Pflegekasse, der Rentenversicherung, verschiedene medizinische oder psychologische Fachkräfte, verschiedene therapeutische Fachkräfte, sonderpädagogische Fachkräfte etc.) in ihrem Beratungs-, Förder- und Therapieteam. Wenn verschiedene Fachleute zwar parallel, aber ohne gemeinsame Abstimmung und ohne Besprechungen mit den Personen arbeiten, dann handelt es sich um ein multidisziplinäres Vorgehen. Interdisziplinäre Zusammenarbeit bedeutet hingegen, dass es einen Austausch zwischen den Fachkräften gibt.

> Ein Beispiel für die Nutzung der „gemeinsamen Sprache ICF" bei *Herrn Baum* wäre die fachliche und interdisziplinäre Abstimmung mit Fachkräften der Medizin (z. B. Hausarzt, Kardiologe), des Rehabilitationssportes, der Physiotherapie oder der Krankenkasse.

Nur dann kann eine sinnvolle Abstimmung der Inhalte und des Vorgehens (für einen abgesprochenen Zeitraum) unter Berücksichtigung der Wünsche und Bedürfnisse der Menschen mit Beeinträchtigung (Personenzentrierung, Partizipation) erfolgen. Wissenschaftliche Untersuchungen zeigen, dass es dafür formalisierter Besprechungen bedarf. Der zeitliche Mehraufwand hierfür wird durch die Synergie abgesprochener Hilfe- und Therapiekonzepte meist sehr schnell ausgeglichen (Seidel & Simon 2014, Seidel 2015, Mukaino et al. 2020).

Der Gesetzgeber will ein solches Vorgehen befördern; aus diesem Grund sind in den Sozialgesetzen und ergänzenden Verordnungen klare Vorgaben zu finden, die die Zusammenarbeit der Rehabilitationsträger verbessern sollen oder eine interdisziplinäre Zusammenarbeit voraussetzen. Dabei ist die Miteinbeziehung des Menschen (Selbstbestimmung und Personenzentrierung) ebenfalls ausdrücklich vorgesehen (z. B. §§ 1 und 118 SGB IX).

Bei der Auftragsklärung muss den Menschen ausreichend Gehör geschenkt werden. An vielen Orten ist das bereits gängige Praxis. Zum Beispiel bei Entwicklungsgesprächen in der Schule, in der Rehabilitation oder bei der Bedarfsermittlung werden sowohl die ICF als gemeinsame Sprache als auch eine interdisziplinäre Zusammenarbeit erfolgreich praktiziert. Der Mensch soll dabei gefragt werden, was aus seiner Sicht problematisch und „das Problem“ ist. Er sollte gefragt werden, was sich ändern soll und was auch nicht. Und was aus seiner Sicht dann im Alltag für ihn anders sein wird und anders sein soll. Bei einem solchen offenen Befragen werden die relevanten Inhalte und Themen meist schnell und deutlich genug benannt und in ihrer Tragweite deutlich (Situationsbeschreibung). Interdisziplinäre Teams sollten sich immer auf das Vorgehen (Moderation, zeitliches und inhaltliches Vorgehen, Dokumentation) geeinigt haben und die Personenzentrierung mit dem oder den Menschen gewähren. Die zusammengeführten Inhalte müssen strukturiert und interpretiert werden, bevor dann ein gemeinsamer Lösungsweg gesucht wird. Das weitere Vorgehen wird dann fest abgestimmt mit der entsprechenden Festlegung, wer was bis wann zu machen hat. Zudem sollte dabei schon der Zeitpunkt einer Überprüfung der abgestimmten Ziele (Auswertung des Unterstützungskonzeptes) festgelegt werden (WHO 2001, WHO 2007, Seidel & Simon 2014).

Aus dem vorangegangenen Abschnitt ist abzuleiten, dass die ICF zur Beschreibung aller relevanten Inhalte in unterschiedlichen Kontexten als gemeinsame Sprache hilfreich eingesetzt und praktiziert sowie als Organisations- und Kommunikationshilfe im interdisziplinären Team genutzt werden kann, um komplexe Inhalte und Geschehen zu strukturieren und zu gewichten.

Im Rahmen solcher Abstimmungen, zum Beispiel bei „Runden Tischen“, egal ob im Kindergarten, der Schule, im Jugendamt, im Sozialamt oder im Krankenhaus, müssen sich die beteiligten Fachkräfte gemeinsam mit dem Menschen zusammen beraten. Dies erscheint auf den ersten Blick „aufwendiger“ als das bisherige Vorgehen und verlangt gemeinsames Lernen. Das neue Vorgehen bedeutet auch nicht, dass personelle Ressourcen unökonomisch genutzt oder gar „verschwendet“ werden (müssen) durch zu viele, schlecht organisierte und „überflüssige“ Sitzungen und Konferenzen. Die neuen technischen Entwicklungen machen es möglich, dass eine Zusammenkunft zu einer gemeinsamen Zeit bedarfsweise auch unter Nutzung der neuen Medien erfolgen kann (z. B. Telefonkonferenz, Webkonferenz). Eine ICF-orientierte Bedarfsermittlung muss als kooperativer Prozess gestaltet werden, bei dem alle fachlichen Anforderungen nachvollziehbar sind und professionell Berücksichtigung finden (Seidel 2015, Schaumberg & Seidel 2017 (1)).

Für die meisten beteiligten Fachleute ist eine solche interdisziplinäre Zusammenarbeit sowie der Einsatz von technischen Hilfsmitteln neu, und deshalb sowohl fachlich als auch persönlich eine Herausforderung. Diese Herausforderung anzunehmen und zu bewältigen ist bedeutsam, da ansonsten von einer Barriere für Menschen mit Beeinträchtigung gesprochen werden muss. Hilfreich können hier Kooperationen und Absprachen im Sozialraum sein, z. B. örtliche Arbeitskreise, gemeinsame Workshops oder gemeinsame Fortbildungen der unterschiedlichen Fachkräfte. Auch die bislang bereits bewährte Kooperation mit den Leistungserbringern sollte durch Optimierung der Kommunikationswege und Förderung der Zusammenarbeit fortbestehen und gestärkt werden (Seidel & Simon 2014, Mukaino et al. 2020).

Ein differenziertes Diagnostik-, Beratungs- und Versorgungskonzept bedarf einer interdisziplinären Abstimmung. Denn bei Menschen mit Behinderung sind oft viele Fachkräfte aus unterschiedlichen Institutionen und Professionen an der Beratung und Versorgung beteiligt. Ein ICF-orientiertes Arbeiten ersetzt selbstverständlich eine fachspezifische Diagnostik nicht, sie kann nur den Blick erweitern und die Sichtweisen der unterschiedlichen Fachleute zusammenführen. Die gemeinsame Nutzung der ICF setzt eine Zusammenarbeit voraus, und zwar von VertreterInnen verschiedener Disziplinen, den Menschen mit Behinderung und deren Angehörigen. Die beteiligten Fachkräfte müssen bereit sein für den interdisziplinären Austausch und sollten im Abstimmungsprozess gleichberechtigt und hierarchiefrei miteinander sprechen und arbeiten. ICF-orientiertes Arbeiten kann dabei die Miteinbeziehung der Menschen in den Diagnostikprozess sowie bei der partizipativen Ziel- und Maßnahmengestaltung deutlich erleichtern (Vargus-Adams et al. 2014, Seidel & Simon 2015).

Die Anwendung eines Rahmenkonzeptes mit der ICF kann die Entwicklung von Behandlungszielen, die Durchführung von Interventionen sowie das Erfassen von Behandlungsergebnissen und die Überprüfung von Therapiezielen anhand formulierter Kriterien verbessern (Vargus-Adams et al. 2014).

Merke

- Die ICF stellt eine gemeinsame, universelle und international einheitliche Sprache dar. Damit kann die Kommunikation aller Beteiligten verbessert werden.
- Ein differenziertes Diagnostik-, Beratungs-, Hilfe- und Therapiekonzept bedarf in der Praxis meist einer interdisziplinären Abstimmung, damit den Bedürfnissen der Menschen entsprochen werden kann.
- Die ICF kann dazu beitragen, dass die interdisziplinäre Zusammenarbeit und Arbeitsprozesse weiter verbessert werden können.
- Dies erfordert eine neue Kultur der Zusammenarbeit, bei der vertrauensvoll und „auf Augenhöhe" zusammengearbeitet wird.

5 Personenzentrierung und Partizipation: Selbst- und Mitbestimmen und Teilhaben

> „Die Lebensführung von Personen vollzieht sich nicht im luftleeren Raum, sondern innerhalb von konkreten sozialen Bezügen, die Möglichkeiten der Lebensführung prägen“ (Wansing 2017, S. 23).

Gesellschaftliche Bedingungen bieten Gestaltungsfreiräume, können Chancen eröffnen, diese gleichwohl aber auch behindern oder verweigern. Der Grundsatz der UN-Konvention für Menschen mit Behinderung (UN-BRK), lautet: *Inklusion*. Dieses Grundprinzip zielt normativ auf gleiche und freie Möglichkeiten der Lebensgestaltung ohne Stigmatisierung sowie Diskriminierung aufgrund einer Beeinträchtigung ab. Soziale Inklusion und Autonomie von Menschen sind als Grundsätze eng miteinander verwoben (Wansing 2017). Dies spiegelt sich ebenso in dem Leitgedanken der UN-BRK wider: *„Nichts über uns, ohne uns!“* (UN-BRK). Durch diesen Leitgedanken rücken Partizipation, Selbst- und Mitbestimmung in einen zurecht stärkeren Fokus der Politik, Gesellschaft und gesetzlicher Regelungen. Die Bundesregierung war und ist durch die Forderungen der UN-BRK dazu angehalten *Partizipation, Inklusion, Personenzentrierung, Transparenz und Chancengleichheit* umzusetzen und ihr bestehendes Recht weiterzuentwickeln. Dieser Paradigmenwechsel setzt eine Umstrukturierung des Leistungsrechtes, ein Umdenken der Leistungsträger sowie der Leistungserbringer voraus.

Die politische Debatte um die Eingliederungshilfereform, durch die Arbeits- und Sozialministerkonferenz (Behörde für Soziales, Familie, Gesundheit und Verbraucherschutz 2008), brachte den Begriff der *Personenzentrierung* im politischen Diskurs hervor. Die überwiegend einrichtungszentrierten Hilfen sollen in personenzentrierte Hilfeleistungen übergehen. Hiermit soll eine verstärkte Berücksichtigung der individuellen Bedarfe sowie des Selbstbestimmungsrechtes sichergestellt werden. Zudem sollten ein durchlässiges sowie flexibles Hilfesystem etabliert und Beschäftigungsalternativen zur Werkstatt Menschen mit Beeinträchtigung (WfbM) entstehen (Behörde für Soziales, Familie, Gesundheit und Verbraucherschutz 2008). Das Ergebnis dieser Vorstellungen und Ziele finden wir nun formuliert in dem BTHG, welches als modernes Teilhaberecht seit dem 01.01.2017 stufenweise in Kraft getreten ist. Die Eingliederungshilfe wurde dabei am 01.01.2020 aus dem

„Fürsorgesystem" des SGB XII herausgelöst und in das SGB IX transferiert, wo die Unterstützungen als Fachleistungen anstelle von existenzsichernden Leistungen gesehen werden. Hiermit wird einem gewandelten Rollenverständnis von Menschen mit Beeinträchtigungen Rechnung getragen. Es soll nicht mehr *über* die Menschen mit Beeinträchtigungen, sondern *mit* ihnen gemeinsam beraten und gehandelt werden, welche Bedarfe und wie die Ausgestaltungen der Unterstützungsleistungen aussehen können und sollen – mit dem Ziel, die individuelle Lebensplanung und Selbstbestimmung zu stärken (BMAS 2020). Auf diesem Weg soll ebenso die volle, wirksame und gleichberechtigte Teilhabe von Menschen mit Beeinträchtigungen sichergestellt werden. Doch was bedeutet dies genau?

> Mitentscheiden. Beteiligt sein. Mitarbeiten. Dazugehören. Anteil nehmen. Dabeisein. Teil sein. Mitmachen. Entscheiden.

Wenn wir unterschiedliche Menschen fragen, was für sie Teilhabe bedeutet, bekommen wir mit ziemlicher Sicherheit jedes Mal eine andere Antwort. Dies heißt nicht, dass die eine oder die andere Antwort richtig oder falsch ist. Jede Person ist tagtäglich durch ihre Handlungen in soziale Bezugsysteme eingebunden. Erfahrungen einer aktiven Gestaltung von sozialen Situationen sowie die Anerkennung der eigenen Person in der Peer-Gruppe, in der Familie, am Arbeitsplatz oder in der Schulklasse tragen maßgeblich zu einem positiven Lebensgefühl und zu Gesundheit und dem persönlichen Wohlbefinden bei (Deutsche Vereinigung für Rehabilitation DVfR & Deutsche Gesellschaft für Rehabilitationswissenschaften DGRW 2012). Das SGB IX legt als „übergeordnetes" Ziel für alle anderen Sozialgesetzbücher fest, dass die Förderung von Selbstbestimmung und voller, wirksamer sowie gleichberechtigter Teilhabe von Menschen mit Behinderung im Vordergrund steht. Daraus ergibt sich unter anderem ein Rechtsanspruch auf Leistungen zur Teilhabe am Arbeitsleben, in der Gemeinschaft oder zur Rehabilitation. Verschiedene Aussagen zum Leitgedanken der Teilhabe und der Ziele spiegeln sich in mehreren Paragraphen des SGB IX wider:

- **§ 1 Selbstbestimmung und Teilhabe am Leben in der Gesellschaft:** Menschen mit Behinderungen oder von Behinderung bedrohte Menschen erhalten Leistungen nach diesem Buch und den für die Rehabilitationsträger geltenden Leistungsgesetzen, um ihre Selbstbestimmung und ihre volle, wirksame und gleichberechtigte Teilhabe am Leben in der Gesellschaft zu fördern, Benachteiligungen zu vermeiden oder ihnen entgegenzuwirken. Dabei wird den besonderen Bedürfnissen von Frauen und Kindern mit Behinderungen und von Behinderung bedrohter Frauen und Kinder sowie Menschen mit seelischen Behinderungen oder von einer solchen Behinderung bedrohter Menschen Rechnung getragen.

- **§ 2 Begriffsbestimmungen:** (1) Menschen mit Behinderungen sind Menschen, die körperliche, seelische, geistige oder Sinnesbeeinträchtigungen haben, die sie in Wechselwirkung mit einstellungs- und umweltbedingten Barrieren an der gleichberechtigten Teilhabe an der Gesellschaft mit hoher Wahrscheinlichkeit länger als sechs Monate hindern können. Eine Beeinträchtigung nach Satz 1 liegt vor, wenn der Körper- und Gesundheitszustand von dem für das Lebensalter typischen Zustand abweicht. Menschen sind von Behinderung bedroht, wenn eine Beeinträchtigung nach Satz 1 zu erwarten ist.

- **§ 4 Leistungen zur Teilhabe:** (1) Die Leistungen zur Teilhabe umfassen die notwendigen Sozialleistungen, um unabhängig von der Ursache der Behinderung
  1. die Behinderung abzuwenden, zu beseitigen, zu mindern, ihre Verschlimmerung zu verhüten oder ihre Folgen zu mildern,
  2. Einschränkungen der Erwerbsfähigkeit oder Pflegebedürftigkeit zu vermeiden, zu überwinden, zu mindern oder eine Verschlimmerung zu verhüten sowie den vorzeitigen Bezug anderer Sozialleistungen zu vermeiden oder laufende Sozialleistungen zu mindern,
  3. die Teilhabe am Arbeitsleben entsprechend den Neigungen und Fähigkeiten dauerhaft zu sichern oder
  4. die persönliche Entwicklung ganzheitlich zu fördern und die Teilhabe am Leben in der Gesellschaft sowie eine möglichst selbständige und selbstbestimmte Lebensführung zu ermöglichen oder zu erleichtern.

- **§ 8 Wunsch- und Wahlrecht der Leistungsberechtigten:** (1) Bei der Entscheidung über die Leistungen und bei der Ausführung der Leistungen zur Teilhabe wird berechtigten Wünschen der Leistungsberechtigten entsprochen. Dabei wird auch auf die persönliche Lebenssituation, das Alter, das Geschlecht, die Familie sowie die religiösen und weltanschaulichen Bedürfnisse der Leistungsberechtigten Rücksicht genommen; im Übrigen gilt § 33 des Ersten Buches. Den besonderen Bedürfnissen von Müttern und Vätern mit Behinderungen bei der Erfüllung ihres Erziehungsauftrages sowie den besonderen Bedürfnissen von Kindern mit Behinderungen wird Rechnung getragen.

- **§ 29 SGB IX Persönliches Budget:** (1) Satz 1: Auf Antrag der Leistungsberechtigten werden Leistungen zur Teilhabe durch die Leistungsform eines Persönlichen Budgets ausgeführt, um den Leistungsberechtigten in eigener Verantwortung ein möglichst selbstbestimmtes Leben zu ermöglichen.

Der neue Behinderungsbegriff im § 2 SGB IX (in der neuen Fassung seit dem 01.01.2018) und damit auch das Verständnis für Teilhabe und Teilhabebeeinträchtigung wird mit der Kenntnis der Inhalte der UN-BRK sowie der ICF verständlich. Durch die UN-BRK ist Teilhabe zum zentralen Thema der Politik geworden. Teilhabe als Grundrecht des Menschen (Art. 3, GG) sowie die aufgeführten Paragraphen im SGB IX bieten ein differenziertes Verständnis zur Ausgestaltung von Teilhabe.

> „*Teilhabe* ist dann gegeben, wenn eine Person sozial eingebunden ist, d. h. wenn individuelle und umweltbezogene Faktoren es ermöglichen, dass die Person die sozialen Rollen, die ihr wichtig und ihrer Lebenssituation angemessen sind (z. B. in der Familie, im Beruf, in der sozialen, religiösen und politischen Gemeinschaft), auch einnehmen und zu ihrer Zufriedenheit ausfüllen kann. Teilhabe basiert also auf individuumsbezogenen Voraussetzungen (z. B. Fähigkeiten) und gesellschaftlichen Voraussetzungen (z. B. Arbeitsbedingungen)" (DVfR & DGRW 2012, S. 2).

Bei der Bedarfsermittlung in der Eingliederungshilfe wird das Konzept der Teilhabe auf die neun Lebensbereiche der ICF bezogen. Im § 118 SGB IX wird ausgeführt:

> „Die Ermittlung des individuellen Bedarfes des Leistungsberechtigten muss durch ein Instrument erfolgen, das sich an der Internationalen Klassifikation der Funktionsfähigkeit, Behinderung und Gesundheit orientiert. Das Instrument hat die Beschreibung einer nicht nur vorübergehenden Beeinträchtigung der Aktivität und Teilhabe in den folgenden Lebensbereichen vorzusehen:
> 1. Lernen und Wissensanwendung
> 2. Allgemeine Aufgaben und Anforderungen
> 3. Kommunikation
> 4. Mobilität
> 5. Selbstversorgung
> 6. Häusliches Leben
> 7. Interpersonelle Interaktionen und Beziehungen
> 8. Bedeutende Lebensbereiche
> 9. Gemeinschafts-, soziales und staatsbürgerliches Leben"

Die WHO definiert als Aktivität „die Durchführung einer Aufgabe oder Handlung durch einen Menschen“ und Teilhabe als *„das Einbezogensein in eine Lebenssituation*“. Das Konzept der Lebensbereiche umfasst facettenreiche und unterschiedliche Aspekte, wie beispielweise den Einbezug in das gemeinschaftliche Leben (Vereine, Hobbys, Sport etc.), die Fähigkeit, kommunizieren zu können und mit anderen Menschen in Kontakt zu treten, sich fortbewegen oder auch sich selbst versorgen zu können.

Wenn wir *Herrn Baum* fragen würden, wie er seine Teilhabe oder das Einbezogensein in eine Lebenssituation beschreibt, würde er uns vielleicht antworten:
„Mein Alltag ist sehr anstrengend. Ich fühle mich nutzlos und bin zu nichts mehr zu gebrauchen. Was mir früher Freude bereitet hat, ist mir nun nicht mehr möglich. Das stört mich. Ich fühle mich sehr eingeschränkt. Vor allem bei meiner täglichen Routine, dem Einkaufen und meinem Vereinsleben. Ich würde z. B. gern wieder mehr mit meiner Enkelin spielen.“
Um diese Beschreibung nun in die ICF „zu übersetzen“, sehen wir uns die neun Lebensbereiche genauer an. So könnte anhand der Aussage bei ihm beschrieben werden:
d2 Allgemeine Aufgaben und Anforderungen
d230 Die tägliche Routine durchführen
d4 Mobilität
430 Gegenstände anheben und tragen
d6 Häusliches Leben
d630 Mahlzeiten vorbereiten
d7 Interpersonelle Interaktionen und Beziehungen
d760 Familienbeziehungen
d9 Gemeinschafts-, soziales und staatsbürgerliches Leben
d910 Gemeinschaftsleben

Im Bereich der Eingliederungshilfe ist ein Gesamtplanverfahren durchzuführen, welches Teilhabebeeinträchtigungen auf der Grundlage dieser Lebensbereiche ermittelt. Wenn ein Mensch Probleme beim Ausführen der Aktivitäten oder bei dem Einbezogensein in diesen Lebensbereichen hat, dann ist seine Teilhabe eingeschränkt.

Das neue und offenere Verständnis für Behinderung (§ 2 SGB IX) bringt es mit sich, dass ein Gesundheitsproblem (eine Diagnose) allein nicht mehr ausreicht, um Behinderung zu begründen. Fortan muss eine (oder mehrere) Teilhabebeeinträchtigung(en) (in den neun Lebensbereichen) dargestellt werden, auf dessen Grundlage und Zusammenspiel mit den Kontextfaktoren eine

Unterstützungsleistung gewährt werden kann. Dargestellt werden Teilhabebeeinträchtigungen in einem sogenannten Bedarfsermittlungsverfahren, welches mit den Menschen zusammen ausgefüllt, diskutiert und verhandelt wird. Dabei bleibt der Mensch, um den es geht, stets ExpertIn für sein Leben. Vor diesem Hintergrund bedeutet personenzentrierte Teilhabe, dass jeder Mensch wählen kann, wie viel des ihm zur Verfügung stehenden Geldes er wofür einsetzt, wie und wo er leben möchte und wie er seine Freizeit gestalten will. Anzumerken an dieser Stelle ist, dass ab dem 01.01.2023 im § 99 SGB IX eine Neudefinition für den leistungsberechtigen Personenkreis erfolgen wird.

Der Preis für diesen Perspektivwechsel ist Veränderung, Neudenken und Umstrukturierung. Die Gewinne dieses Perspektivwechsels sind Selbstbestimmung und Partizipation (anstatt Fremdbestimmung), Chancengleichheit, Möglichkeiten zur Potentialentfaltung für Menschen mit Beeinträchtigung und Transparenz sowohl für die Menschen, um die es geht, als auch für Kostenträger und Leistungserbringer, effizientere Strukturen und ein gemeinsames Verständnis.

Merke

- Leitgedanken der UN-BRK: Inklusion und „Nichts über uns, ohne uns!“
- Das BTHG ist auf Grundlage der UN-BRK als modernes Teilhaberecht zu sehen, mit Fokus auf: Personenzentrierung und Partizipation.
- Paradigmenwechsel: Von einrichtungszentrierten hin zu personenzentrierten Unterstützungsleistungen, jeder Mensch ist Experte über sein Leben.
- Durch Herauslösung der Eingliederungshilfe aus dem SGB XII: Trennung von Fachleistungen (SGB IX) und existenzsichernden Leistungen (SGB XII).
- Teilhabe beschreibt laut ICF und BTHG das Konzept der neun Lebensbereiche.
- Mittels Bedarfsermittlungsverfahren werden in der Eingliederungshilfe Teilhabebeeinträchtigungen in den neun Lebensbereichen dargestellt.

6 Von der UN-Behindertenrechtskonvention zum Bundesteilhabegesetz

Das Übereinkommen der Vereinten Nationen (UN) über die Rechte von Menschen mit Behinderung wird meist als UN-Behindertenrechtskonvention (UN-BRK) bezeichnet. Nach vierjähriger Verhandlungszeit hat die Generalversammlung der UN den Text des Übereinkommens und des dazugehörigen Fakultativprotokolls am 13. Dezember 2006 angenommen. Deutschland hat das UN-Übereinkommen und das Fakultativprotokoll als einer der ersten Staaten am 30. März 2007 unterzeichnet und am 24. Februar 2009 mit Hinterlegung der Ratifikationsurkunde in New York ratifiziert. Das Vertragswerk ist für alle Mitgliedsstaaten, die diese ratifiziert haben, völkerrechtlich wirksam und in Deutschland seit dem 26. März 2009 gültig. Durch die Ratifizierung erlangte die UN-BRK als völkerrechtlicher Vertrag den Rang eines Bundesgesetzes. Hieraus leiten sich zwei unterschiedliche rechtliche Folgen ab. Einerseits dient die UN-BRK als Auslegungshilfe, anderseits kann sie ausnahmsweise unmittelbar anzuwendende Rechtsansprüche enthalten (UN-BRK 2008).

Die UN-BRK stellt einen wichtigen Schritt zur Stärkung der Rechte von weltweit rund 650 Millionen Menschen mit Behinderung dar und konkretisiert die allgemeinen Menschenrechte aus der Perspektive der dieser Menschen und vor dem Hintergrund ihrer spezifischen Lebenslagen. Somit schafft das Übereinkommen *keine Sonderrechte für Menschen mit Behinderung, sondern* beschreibt und spezifiziert *die universellen Menschenrechte* aus der Perspektive der Menschen mit Behinderung. Die UN-BRK würdigt dabei Behinderung als Teil der Vielfalt menschlichen Lebens (Diversity) und überwindet damit das noch in vielen Ländern nicht mehr zeitgemäße Prinzip der Fürsorge. Im Einzelnen konkretisiert das Übereinkommen z. B. das Recht auf Zugang zu Bildung, das Recht auf Zugang zur Arbeitswelt oder das Recht auf Teilhabe am kulturellen Leben. Dabei gilt das Prinzip der Personenzentrierung und Partizipation mit dem Motto: Nichts über uns – ohne uns. Das bedeutet: Es soll nichts über Menschen mit Behinderung entschieden werden, sondern Menschen mit Behinderung sind in alle sie betreffenden Prozesse miteinzubeziehen, so wie alle anderen Menschen auch.

Die Bundesregierung hat zur konkreten Umsetzung der UN-Behindertenrechtskonvention einen Nationalen Aktionsplan (NAP) erarbeitet, dieser wird fortlaufend weiterentwickelt. Der erste Nationale Aktionsplan (NAP 1.0) der Bundesregierung zur Umsetzung der UN-BRK wurde 2011 vom Bundeskabinett verabschiedet, der NAP 2.0 trat 2016 in Kraft. Der NAP soll weiter dazu beitragen, dass Inklusion als in allen Lebensbereichen zu berücksichtigendes Prinzip Einzug hält. Bei der Ausarbeitung des Nationalen Aktionsplans hat die Bundesregierung großen Wert darauf gelegt, die Zivilgesellschaft – insbesondere auch die Menschen mit Behinderung – einzubeziehen und ihre Ideen, Vorschläge und Visionen für Maßnahmen aufzugreifen.

Die UN-BRK gab wichtige Impulse für die Überlegungen zu dem BTHG. Mit dem BTHG wurde das deutsche Recht in Bezug auf die UN-BRK weiterentwickelt. Das Gesetz zur Stärkung der Teilhabe und Selbstbestimmung von Menschen mit Behinderungen („Bundesteilhabegesetz oder BTHG“) wurde am 23.12.2016 verabschiedet und trat mit der ersten Reformstufe am 01.01.2017 in Kraft. Das BTHG ist also ein umfassendes Gesetzespaket, das für Menschen mit Behinderungen viele Verbesserungen vorsieht. Mit dem BTHG werden mehr Möglichkeiten der Teilhabe und mehr Selbstbestimmung für Menschen mit Behinderungen geschaffen (UN-BRK 2008, BMAS 2020).

Im § 1 SGB IX heißt es:

> „*Selbstbestimmung und Teilhabe am Leben in der Gesellschaft*
> Menschen mit Behinderungen oder von Behinderung bedrohte Menschen erhalten Leistungen nach diesem Buch und den für die Rehabilitationsträger geltenden Leistungsgesetzen, um ihre Selbstbestimmung und ihre volle, wirksame und gleichberechtigte Teilhabe am Leben in der Gesellschaft zu fördern, Benachteiligungen zu vermeiden oder ihnen entgegenzuwirken. Dabei wird den besonderen Bedürfnissen von Frauen und Kindern mit Behinderungen und von Behinderung bedrohter Frauen und Kinder sowie Menschen mit seelischen Behinderungen oder von einer solchen Behinderung bedrohter Menschen Rechnung getragen.“

Alles folgt dem Ziel, die UN-BRK in Deutschland weiter mit Leben zu füllen. Die Umsetzung der UN-BRK hat auch Auswirkungen auf andere Bereiche der Politik für Menschen mit Behinderung. Um Teilhabe und Selbstbestimmung von Menschen mit Behinderungen noch weiter zu stärken, hat die Bundesregierung neben der Erarbeitung eines BTHG weitere Aktivitäten ergriffen, z. B. die Novellierung des Behindertengleichstellungsgesetzes des Bundes (BGG) (BMAS 2016).

Merke

- Die UN-BRK würdigt Behinderung als Teil der Vielfalt menschlichen Lebens (Diversity) und überwindet damit das noch in vielen Ländern nicht mehr zeitgemäße Prinzip der Fürsorge.
- Die UN-BRK schafft keine Sonderrechte für Menschen mit Behinderung, sondern beschreibt und spezifiziert die universellen Menschenrechte aus der Perspektive der Menschen mit Behinderung.
- Mit den Inhalten aus dem BTHG sollen wesentliche Inhalte aus der UN-BRK in Deutschland umgesetzt werden.
- Die ICF ist ein geeignetes Instrument für die Umsetzung internationaler Aufträge bezüglich der erklärten Menschenrechte.

II Spezielles

7 Von der ICF zur Bedarfsermittlung

Zunächst ist es von Bedeutung, die Leitgedanken der UN-BRK verinnerlicht zu haben, um die ICF und das bio-psycho-soziale Modell sowie den neuen Behinderungsbegriff (§ 2 SGB IX) in seiner Gänze verstehen zu können. Wie an anderer Stelle (siehe S. 18) deutlich geworden, bezieht sich der neue Behinderungsbegriff nicht auf ein einfaches Ursache- und Wirkungsdenken, sondern erfordert ein zirkuläres Denken mit Wechselwirkungen zwischen den verschiedenen Komponenten sowie einstellungs- und umweltbedingten Förderfaktoren sowie Barrieren. Indes reicht eine Diagnose Leistungsträgern nicht mehr aus, um Leistungen zu gewähren. Ein oder mehrere Teilhabebeeinträchtigungen mit dazugehörigen Wechselwirkungen müssen im Rahmen eines Bedarfsermittlungsverfahrens dargestellt werden, um spezifische Unterstützungen zur vollen, wirksamen und gleichberechtigten Teilhabe am Leben zu erhalten. An dieser Stelle sei darauf hingewiesen, dass eine Neuregelung im § 99 SGB IX zum 01.01.2023 vorsieht, den Personenkreis für die Eingliederungshilfe (Neudefinition einer sog. „wesentlichen Behinderung“) zu beschreiben. Eine Herausforderung ist es nun, die gesetzlichen Regelungen, die Hintergründe und den Einbezug der ICF so zu verknüpfen, dass diese auf der praktischen Ebene angemessen umgesetzt werden können. Ein Vorschlag (oder Impulse), wie dies funktionieren kann, liefert vorliegendes Buch.

Die ICF findet in verschiedenen Settings bisher einen mehr oder weniger intensiven Gebrauch. In der Rehabilitation wird sie seit Jahren als Grundlage für die Bedarfsfeststellung verwandt und kann so gezielt eingesetzt werden, um Rehabilitationsprozesse systematisch und qualitativ zu steuern. Im Setting von Sozialpädiatrischen Zentren existieren ebenfalls Projekte zur verstärkten Implementierung der ICF im Bereich der Bedarfsfeststellung (z. B. PART-Child Projekt). Ebenfalls gibt es in der Frühförderung altersspezifische Checklisten für die Bedarfsermittlung. Dies sind nur zwei Beispiele dafür, inwieweit die ICF bereits Verwendung in Deutschland findet. Durch den aktuellen Paradigmenwechsel in der Sozialgesetzgebung (BTHG) wird die Verwendung der ICF weiter vorangetrieben. Im Folgenden werden die Beweggründe und die Neuausrichtung des SGB IX genauer skizziert.

Exkurs: Bedarfsermittlung und rechtliche Verknüpfung im SGB IX

Das SGB IX wurde zu einem modernen Teilhaberecht umgestaltet und weiterentwickelt. Der Gesetzgeber legt einen besonderen Fokus auf *Personenzentrierung und eine aktive Teilhabe der Menschen mit Beeinträchtigungen am Bedarfsermittlungsverfahren*. Die Neuausgestaltung des Rehabilitations- und Teilhaberechtes erfordert, stets unter Maßgabe der Personenzentrierung, Bedarfe zu ermitteln und festzustellen. In diesem Prozess soll ebenso die trägerübergreifende Zusammenarbeit optimiert werden. Die Rolle und Beteiligung des antragstellenden Menschen wird mit den Regelungen zum Gesamtplanverfahren immens gestärkt und dem Grundsatz – *jeder Mensch ist Experte für sein eigenes Leben* – Rechnung getragen. Unter anderem wird in den Regelungen zu dem Gesamtplanverfahren (§ 117 SGB IX) festgelegt, dass die Beteiligung der Leistungsberechtigten in allen Verfahrensschritten beginnend mit der Beratung (Abs. 1, Nr. 1), sicherzustellen ist. Weiter heißt es, dass die Wünsche der leistungsberechtigten Personen zu Ziel und Art der Leistungen dokumentiert und folgende Kriterien beachtet werden:

- Transparent
- Trägerübergreifend
- Interdisziplinär
- Konsensorientiert
- Individuell
- Lebensweltbezogen
- Sozialraumorientiert und zielorientiert

Rehabilitationsleistungen haben zum Ziel, Selbstbestimmung und ihre volle, wirksame und gleichberechtigte Teilhabe am Leben in der Gesellschaft zu fördern, Benachteiligungen zu vermeiden oder diesen entgegenzuwirken (§ 1 SGB IX). Um dieses Ziel zu erreichen, ist es erforderlich, den Bedarf an Rehabilitationsleistungen zu ermitteln, den ein Mensch mit Beeinträchtigung hat. Die Instrumente zur Ermittlung des Rehabilitationsbedarfs, nach § 13 SGB IX, dienen der einheitlichen und überprüfbaren Ermittlung des individuellen Rehabilitationsbedarfs. Die Rehabilitationsträger verwenden systematische Arbeitsprozesse sowie standardisierte Arbeitsmittel (Bedarfsermittlungsinstrumente) nach den für sie geltenden Leistungsgesetzen. Durch diese Verfahren soll sichergestellt werden, dass eine individuelle und funktionsbezogene Bedarfsermittlung erfolgt.

Das BTHG verlangt weiterhin eine ICF-orientierte Bedarfsermittlung (§ 118 SGB IX) im Gesamtplanverfahren der Eingliederungshilfe. Bei diesen

Punkten ist es Voraussetzung, die Grundlagen der ICF mit einer personenzentrierten Arbeitsweise zu verknüpfen und Menschen vor ihrem gesamten Lebenshintergrund zu betrachten. Dazu gehören unter anderem der Einbezug des bio-psycho-sozialen Modells und entsprechender Wirkungszusammenhänge sowie die tiefgehende Betrachtung der Lebensbereiche eines Menschen (die ICF-orientierte Bedarfsermittlung). Laut § 118 SGB IX wird die Einbeziehung der neun Lebensbereiche der ICF in einem Bedarfsermittlungsverfahren vorausgesetzt. Da der Gesetzgeber weiterhin festlegte, dass jedes Bundesland die autonome Ermächtigung besitzt, ein Verfahren zur Bedarfsermittlung zu erstellen, existieren deutschlandweit verschiedene Verfahren, die die ICF-orientierte Bedarfsermittlung in einer uneinheitlichen Form und mit unterschiedlichen Herangehensweisen umsetzen. Laut § 13 SGB IX kann nur dann eine sinnvolle Aussage zum Rehabilitationsbedarf getroffen werden, wenn Bedarfsermittlungsverfahren beantworten können:

- ob eine Behinderung vorliegt oder einzutreten droht,
- welche Auswirkungen die Behinderung auf die Teilhabe der Leistungsberechtigten hat,
- welche Ziele mit den Leistungen zur Teilhabe erreicht werden sollen und
- welche Leistungen im Rahmen einer Prognose zur Erreichung der Ziele voraussichtlich erfolgreich sind.

Essenziell ist, dass diese Vorgaben auf eine klientenorientierte Art und Weise umgesetzt werden und zu einer *gelebten* Personenzentrierung führen. Das Bundesministerium für Arbeit und Soziales (BMAS) will 2020 die Wirksamkeit eingesetzter Bedarfsermittlungsinstrumente untersuchen und die Ergebnisse veröffentlichen. Entsprechend unwirksame Instrumente können dann ausgeschlossen werden.

Bedarfsermittlungsverfahren und ICF-Orientierung

Bedarfsermittlungsverfahren sind standardisierte Instrumente zur Erfassung des individuellen Unterstützungsbedarfes. Anhand dieser Verfahren ist es möglich, den Hilfebedarf einzelner Personen zu quantifizieren und die Unterstützungsleistungen herauszuarbeiten, die die Teilhabe sicherstellen sollen. Diese Instrumente sind ein transparenter Nachweis des Hilfebedarfs für Antragsteller, Kostenträger und Leistungserbringer (sozialrechtliches Leistungsdreieck). Im Idealfall sind die Rehabilitationsträger so gut vernetzt, dass sie kooperieren und dieselben Dokumente nutzen können – auf diesem Wege kann Verwaltungs- und Organisationsaufwand möglichst effizient und zeitsparend gestaltet werden. Die Kommunikation zwischen Leistungsträgern und involvierten Organisationen – beispielsweise zwischen Sozial- und Gesundheitsamt – sollte nicht bürokratischer und zeitaufwendiger sein als vorher. So bieten Bedarfsermittlungsverfahren auf der formellen Organisationsebene die Chance, als einrichtungsübergreifendes Kommunikationsinstrument genutzt zu werden.

Weiterhin verlangt die ICF eine Berücksichtigung der Wechselwirkungen der Komponenten. Beispielsweise können personbezogene Faktoren (nicht in der ICF codiert – z. B. Geschlecht, Alter, Charaktereigenschaften) die Umweltfaktoren (materiell, sozial und einstellungsbezogen – z. B. Einstellung des Umfeldes) beeinflussen und auch umgekehrt. Die Tatsache, in einer eigenen Wohnung anstatt in einem stationären Setting zu leben, hat beispielsweise eine Wirkung auf den Lebensstil, den Hilfebedarf sowie die eigene Einstellung. Die Anwendung der ICF alleine ist noch keine Teilhabeplanung. Sie kann auf Grundlage der ICF jedoch entwickelt werden. Teilhabeplanung sollte „weitergehen" – sie sollte beinhalten:

- Ziele von NutzerInnen, die durch die Unterstützung erreicht werden sollen,
- eine Einschätzung erforderlicher Hilfen,
- die Festlegung des Vorgehens,
- eine Einschätzung von Fachleistungsstunden und Kosten sowie
- eine Evaluation.

Bisher implizierte Hilfeplanung häufig: Was kann ein Mensch nicht? So war die Planung der Unterstützung vorwiegend auf einen Ausgleich von Defiziten ausgelegt. Moderne Orientierungen richten sowohl ein Auge darauf, was einem Menschen zur vollen, wirksamen und gleichberechtigten Teilhabe fehlt, als auch darauf, welche Ressourcen er hat. In diesem Zusammenhang können Bedarfsermittlungsverfahren zur Strukturierung komplexer Sachverhalte genutzt werden. Dies erfordert gute Netzwerkarbeit, eine tragfähige Beziehung zu den NutzerInnen und die Abstraktionsfähigkeit, „vom Ist-Zustand zum Soll-Zustand" zu denken.

Der ICF liegt das bio-psycho-soziale Modell zugrunde (siehe Kapitel 1), welches versucht, den Menschen und seinen aktuellen Gesundheitszustand ganzheitlicher abzubilden. Um das Modell kennenzulernen und anzuwenden, eignet sich die praktische Übung anhand von Praxisfällen (siehe ab S. 91). So kann beispielsweise eine Strukturierung nach den verschiedenen Komponenten der ICF vorgenommen werden, um die Lebenssituation und den aktuellen

Gesundheitszustand des Menschen und die Wechselwirkungen auf visuelle Weise darzustellen.

Beispielhaft finden Sie hier die Darstellung des aktuellen Gesundheitszustandes von *Herrn Baum* (ausführliches Fallbeispiel auf S. 164):

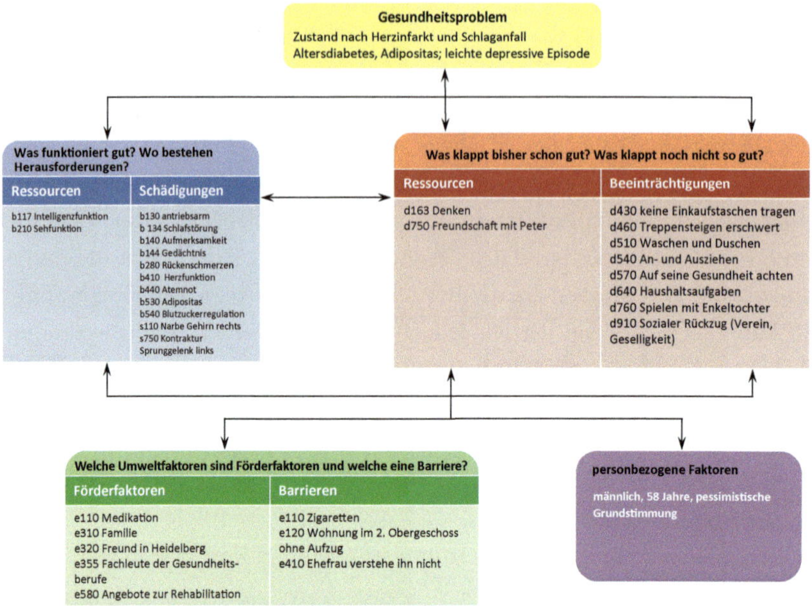

Praxisfälle können gut mit dem bio-psycho-sozialen Modell dargestellt werden, diese Darstellungsweise ist jedoch keine zwingende Vorgabe.

Bedarfsermittlung und -verfahren in der Eingliederungshilfe

Dadurch, dass jede Landesregierung dazu ermächtigt ist, ihr eigenes Bedarfsermittlungsverfahren zu entwerfen, gibt es in Deutschland verschiedene Instrumente, die sich in ihrer Herangehensweise teilweise unterscheiden. Gemeinsam sind ihnen die ICF-Orientierung und die damit verwendeten Begrifflichkeiten wie beispielsweise: Körperfunktionen und -strukturen, Aktivitäten und Partizipation (Teilhabe), Umweltfaktoren, personbezogene Faktoren und Wechselwirkungen. Die ICF und die Definitionen der einzelnen Komponenten zu kennen, ist Voraussetzung, um mit dem jeweiligen Verfahren adäquat arbeiten zu können.

Exemplarisch lässt sich das Bedarfsermittlungsverfahren in Niedersachsen, der BENi-Plan, nennen, welches die neun Lebensbereiche betrachtet sowie dabei folgende Aspekte miteinbezieht: Wunsch und Veränderung im jeweiligen Lebensbereich, Fähigkeiten und Beeinträchtigungen, Wechselwirkungen, Förderfaktoren und Barrieren sowie weitere wichtige Hinweise des Menschen, welche möglicherweise außer Acht gelassen wurden (Niedersächsisches Landesamt für Soziales, Jugend und Familie 2018).

Ein weiteres Beispiel ist das Bedarfsermittlungsinstrument in Nordrhein-Westfalen (BEI_NRW). Dieses Instrument führt zunächst eine übergreifende Beschreibung der Lebensbereiche aus Sicht der Menschen an (klare „Ich-Form") und im weiteren Verlauf wird die ergänzende Sicht (von der Fachkraft) für die jeweiligen Lebensbereiche dargestellt. Sowohl die eigene als auch die ergänzende Sichtweise werden mit folgenden Aspekten dargestellt: persönliche Ereignisse und Charaktereigenschaften, die wichtig zum Verständnis der Situation sind; was schon gelingt und was gelingen könnte; wer oder was schon jetzt eine Hilfestellung ist; was noch nicht so gut gelingt und der Wunsch nach Veränderung; welche Barrieren und fehlende Unterstützung im Lebensumfeld sind (Die Direktorin des Landschaftsverbandes Rheinland und der Direktor des Landschaftsverbandes Westfalen-Lippe 2019).

Der Integrierte Teilhabeplan (ITP, z. B. in Thüringen) bietet ebenfalls eine personenzentrierte Bedarfsermittlung, welche jedoch einer anderen Systematik folgt als die oben genannten Verfahren. Es werden ausgewählte Inhalte und Kodierungen aus der ICF ausgeführt und in Beziehung zu personbezogenen Ressourcen und Beeinträchtigungen der Person gesetzt. Zudem erfolgen Beschreibungen der übergreifenden persönlichen Situation, aktueller Probleme der Teilhabe aus verschiedenen Bereichen, der Unterstützung und Barrieren im Umfeld sowie der Unterstützung oder Beeinträchtigung von Beziehungen. Eine Zielfestlegung wird in den folgenden Bereichen angestrebt: übergreifende persönliche Ziele, Selbstversorgung/Wohnen, Arbeit und Beschäftigung/Tagesstruktur sowie Freizeit/persönliche Interessen und Teilhabe am gesellschaftlichen Leben (TMASGFF o.J.).

Die Ausgestaltung der ICF-orientierten Bedarfsermittlung wird durch die Vorgaben des jeweiligen Instrumentes sowie die Ausgestaltung durch die Anwenderinnen und Anwender bestimmt. An dieser Stelle ist es maßgeblich, allen neun Lebensbereichen Beachtung zu schenken, um herauszukristallisieren welche Lebensbereiche für den Menschen von Bedeutung sind und wo Handlungsbedarf besteht. Bedarfsermittlungsverfahren sind als Gesprächsleitfäden zu betrachten, die durch Visualisierungen des Prozesses unterstützt werden können.

ICF-orientierte Bedarfsermittlung, die Beachtung ethischer Leitlinien, Chancen und Herausforderungen

Die ethischen Leitlinien der WHO sollten bei der ICF-basierten Bedarfsermittlung ebenso beachtet werden. Hierzu gehört, dass die ICF nicht in entwürdigender und verletzender Weise für den Menschen mit Beeinträchtigung verwendet werden darf. Der Mensch muss mit seinem ihm innewohnenden Wert geschätzt und seine Autonomie respektiert werden. Einzelne Menschen dürfen nicht etikettiert und nur aufgrund von Kategorien von Beeinträchtigungen identifiziert werden („Schubladendenken"). Die Klassifizierung und ICF-orientierte Bedarfsermittlung darf nur mit dem Wissen und der Zustimmung der nachfragenden Person erfolgen. Ebenfalls sind die Belange des Datenschutzes zu gewährleisten. Dies sind nur einige prägnante Beispiele der Leitlinien, die die WHO zur Verwendung der ICF erstellt hat. Nähere Informationen zu der Verwendung der ICF, unter Beachtung der ethischen Leitlinien, finden sich im Anhang der ICF (kostenfrei erhältlich unter www.dimdi.de). Auf praktischer Ebene erfordert dies eine offene und transparente Kommunikation zwischen dem Leistungsträger und dem Menschen mit Beeinträchtigung (Schaumberg & Seidel 2018).

Um die Grundsätze der Personenzentrierung und Partizipation bei der ICF-orientierten Bedarfsermittlung sicherzustellen, ist eine barrierefreie Kommunikation notwendig. Die Träger sozialer Einrichtungen sind somit in der Position fachlich qualifizierte Fachkräfte bereitzustellen, um solch einen Bedarfsermittlungsprozess durchzuführen. Ebenso ist es möglich, dass für die Anwendung der Bedarfsermittlungsinstrumente unterstützende Materialien nötig sind (beispielsweise Piktogramme, Darstellungen in einfacher Sprache etc.). Wenn dies nicht gelingt, entstehen für den Menschen mit Beeinträchtigung einstellungs- und umweltbedingte Barrieren. Hiermit werden die veränderte Rollenanforderung sowie der Paradigmenwechsel nochmals deutlich. Eine transparente und barrierefreie Kommunikation muss sichergestellt werden. Der Mensch mit Beeinträchtigung muss autonom dazu in der Lage sein, seine Wünsche und Bedürfnisse im Rahmen des Planungsprozesses zu äußern. Sofern dies aufgrund des Alters (z. B. bei jungen Kindern), kommunikativer oder intellektueller Beeinträchtigungen nicht möglich ist, unterstützen die Personensorgeberechtigten bzw. die gesetzlichen Betreuerinnen und Betreuer die antragstellende Person. Die Soziale Arbeit begegnet hier einer vertrauten Herausforderung: individuelle und kreative Lösungen zu finden (Schaumberg & Seidel 2018).

Merke

- ICF-orientierte Bedarfsermittlung wird in verschiedenen Settings unterschiedlich intensiv umgesetzt, durch die Regelungen des SGB IX wird die Verwendung der ICF in diesem Bereich weiter vorangetrieben.
- Rolle und Beteiligung des antragstellenden Menschen werden in der Eingliederungshilfe durch Regelungen des Gesamtplanverfahrens immens gestärkt.
- Es existiert die Maßgabe des Gesetzgebers, dass sich Bedarfsermittlungsverfahren an der ICF zu orientieren haben (§ 118 SGB IX).
- Die ICF kann den aktuellen Gesundheitszustand beschreiben, ist jedoch kein Bedarfsermittlungsverfahren! Solch ein Instrument kann auf dieser Grundlage jedoch entwickelt werden. Beispiele hierfür sind: BENi-Plan, BEI-NRW, ITP.
- Einhalten der Grundsätze wie Personenzentrierung und Partizipation erfordern eine klare Haltung der Fachkräfte und Bereitschaft für kreative Lösungen.

8 Ergänzende unabhängige Teilhabeberatung (EUTB)

In der Ausgestaltung des BTHG wurde ebenso das Informations- und Beratungsangebot für Menschen mit Behinderungen verbessert. Die Rehabilitationsträger sind verpflichtet, die unterstützungssuchenden Menschen eingehend und an der konkreten Lebenssituation zu beraten. Die Beratungspflicht wird durch die sogenannte „Ergänzende unabhängige Teilhabeberatung" (EUTB) erweitert. Hier tritt der Begriff des „Peer Counseling" in den Vordergrund. Peer Counseling umschreibt das Konzept einer kostenlosen und niedrigschwelligen Beratung durch Menschen mit Behinderungen (Umsetzungsbegleitung BTHG – Deutscher Verein für öffentliche und private Fürsorge e.V. o.J.). Rechtlich wurde die EUTB im § 32 SGB IX festgelegt und vom BMAS gefördert. Im § 32 Abs. 1 SGB IX ist festgehalten, dass die Beratung zur Stärkung der Selbstbestimmung von Menschen mit Behinderungen und von Behinderung bedrohter Menschen installiert wurde.

Durch die Implementierung des Angebots EUTB kann vor Antragstellung zu verschiedenen Leistungen und den Zuständigkeiten beraten werden. Das Motto der EUTB lautet „Eine für alle" – die Grundprinzipien dieses Settings sind unabhängige Beratung auf „Augenhöhe", Selbstbestimmung, Individualität und Unabhängigkeit. Unabhängigkeit beschreibt die Ungebundenheit der Beratung von Kostenträgern oder Leistungserbringern, so wird verhindert, dass Wettbewerbsvorteile einzelner Leistungsanbieter gezielt eingesetzt werden. Die Beratung wird mit dem Tonus „ergänzend" beschrieben, da der Gesetzgeber ebenfalls eine Beratungs- und Informationspflicht gegenüber der antragstellenden Person hat. Durch dieses komplementäre Angebot kann spezifischer auf die Bedürfnisse des einzelnen Menschen eingegangen werden. Eine EUTB verfolgt das Ziel, Menschen zu unterstützen, damit sie selbstbestimmt Entscheidungen treffen können. Dies geschieht nach individuellen Bedürfnissen, unabhängig von Trägern oder Leistungserbringern und ergänzend zur Beratung durch andere Stellen. Es werden Menschen mit und ohne Behinderung sowie Angehörige beraten. Zu finden sind die Beratungsstellen auf der Website der Fachstelle Teilhabeberatung. Das Angebot soll bewusst durch die Beratung von Personen mit gleichen oder ähnlichen Erfahrungen durchgeführt werden (Peer Counseling).

So könnte beispielsweise *Herr Baum* nun mit Unterstützung seines Hausarztes oder seiner Frau folgende Internetseite aufrufen: https://www.teilhabeberatung.de/beratung/beratungsangebote-der-eutb, und auf dieser Internetseite angeben, wo er wohnt, damit ihm die Beratungsstelle in seiner Nähe angezeigt wird. Anschließend kann er einen Termin vereinbaren, in dem er fachgerecht beraten wird. Herr Baum ist es ebenfalls wichtig, dass er nicht „von oben herab" behandelt wird. Diese Befürchtung äußerte er bei einem weiteren Unterstützungsangebot seines Freundes und Hausarztes. Sein Hausarzt erklärte ihm jedoch, dass eine EUTB Beratung von Menschen mit Beeinträchtigung für Menschen mit Beeinträchtigungen anbietet und sie den Prinzipien Beratung auf Augenhöhe, Selbstbestimmung, Individualität und Unabhängigkeit folgt. Nach einiger Bedenkzeit sagte Herr Baum, dass er sich beraten lassen wollen würde.

Die Menschenrechte sind Grundstein der Arbeit einer EUTB. Insbesondere spielen die UN-BRK sowie Artikel 3 des Grundgesetzes – „Niemand darf wegen seiner Behinderung benachteiligt werden" – eine maßgebende Rolle. Mit diesem Hintergrund wird das Ziel verfolgt, eine individuelle und auf die Bedürfnisse des einzelnen Menschen angepasste Beratung zu entwerfen, um einen geeigneten Weg individueller Teilhabe zu gestalten (Fachstelle – Ergänzende unabhängige Teilhabeberatung, Gesellschaft für soziale Unternehmensberatung mbH o.J.).

Merke

- Das Informations- und Beratungsangebot für AntragstellerInnen wurde ausgestaltet.
- Zusätzlich zur Verpflichtung und zum Angebot des Rehabilitationsträgers wurde die EUTB installiert.
- Die EUTB ist als Angebot von Menschen mit Behinderung für Menschen mit Behinderung gedacht (Peer Counseling).
- Grundsätze der Beratung sind: Unabhängigkeit von Leistungsanbietern und -trägern, Ergänzung zur Beratungs- und Informationspflicht der Träger, Beratung auf „Augenhöhe", Individualität, Stärkung der Selbstbestimmung.
- Auf der Website der Fachstelle für Teilhabeberatung sind alle EUTB-Stellen in Deutschland aufgelistet.

9 Partizipationsorientierung und „smarte“ Zielformulierung

ICF-orientiertes Arbeiten bedeutet auch, dass bei der Entwicklung eines Förder-, Therapie-, Hilfe- oder Teilhabekonzeptes Ziele festgelegt werden. Diese Ziele sollen sich wiederum an den Anliegen und Aufträgen der unterstützungssuchenden Person orientieren. Doch was genau bedeutet es, Ziele festzulegen? Wenn wir die Perspektive wechseln und überlegen, in welchem Rahmen wir uns selbst Ziele setzen und festlegen, dann geschieht dies häufig im Rahmen sogenannter „Neujahresvorsätze“. Wir suchen uns die Ziele selbst aus, da wir ein besseres, glücklicheres oder gesünderes Leben anstreben. Wir bestimmen selbst, was wir für unser eigenes Leben wünschen und wie wir dies umsetzen. Ziele im Rahmen einer ICF-orientierten Bedarfsermittlung festzulegen, bedeutet, dass die jeweiligen Fachkräfte den Menschen in seinen Vorstellungen unterstützen, damit er genauso selbstbestimmt seine Wünsche vertreten und an ihnen festhalten kann. Diese Ziele werden gemeinsam besprochen, transparent dokumentiert und nach Ablauf des vereinbarten Planungszeitraums evaluiert.

Partizipation bedeutet in diesem Zusammenhang zweierlei:

1. Selbstbestimmtes Mitwirken (Partizipieren) am Entscheidungsprozess und
2. Das Ausrichten der Ziele auf Partizipation, also die neun Lebensbereiche.

Für die Menschen ist das Anliegen fast immer, im Alltag Dinge „machen“ zu können, also in den (neun) Lebensbereichen das zu tun, was sie wünschen und hierbei so wenig wie möglich – am besten gar keine – Einschränkungen zu erfahren.

Reine „Funktionsverbesserungen“, also zum Beispiel eine Verbesserung der Aufmerksamkeitsfunktion oder die Verbesserung der bewegungsbezogenen Funktionen sind dabei nicht so bedeutsam wie „in der Schule besser aufpassen und mitmachen zu können“ oder „eine möglichst uneingeschränkte Mobilität“ im Alltag zu erleben. Das bedeutet umgekehrt nicht, dass Verbesserungen der Funktion unbedeutend sind und „niemals“ Ziel z. B. eines Therapiekonzeptes sein könnten. So wünscht sich ein Mensch mit Schmerzen sicherlich, dass auch der Schmerz an sich (als Störung der Körperfunktion) nachlassen oder beseitigt wird. Nichtsdestotrotz liegt der Fokus bei der Zielformulierung überwiegend in den neun Lebensbereichen, also im Bereich von Aktivität und Partizipation.

Häufig werden diese Ziele „smart“ formuliert – „smart“ ist ein Akronym, welches für Folgendes steht:
S – Spezifisch
M – Messbar
A – Attraktiv
R – Realistisch
T – Terminiert

S steht für spezifisch: Im Fokus steht die individuelle Wirklichkeit des Menschen und fokussiert einen abzugrenzenden (beobachtbaren) und konkreten Bereich. Für Veränderungsziele: *Welche Leistung soll konkret verbessert werden?* Für Erhaltungsziele: *Welche Leistung soll weiterhin aufrechterhalten werden?* Die Formulierung des Ziels sollte deutlich machen, dass das Erreichen von niemand anderem außer von einem selbst abhängt. Hierbei werden Aspekte des Empowerments und der Selbstbestimmung besonders hervorgehoben (Pretis 2016).

Wenig spezifische Teilhabeziele	Spezifische Teilhabeziele	ICF-Kodierung
– Förderung der Selbstständigkeit	– „Ich bereite mir jeden Tag mein eigenes Frühstück zu.“	– d550 Essen – d230 Die tägliche Routine durchführen
– Auf die Gesundheit achten	– „Ich besuche einmal pro Woche die Selbsthilfegruppe.“	– d710 Elementare interpersonelle Aktivitäten – d570 Auf seine Gesundheit achten
– Stärkung zwischenmenschlicher Beziehungen	– „Ich treffe mich zweimal in der Woche mit meinen Freunden.“	– d910 Gemeinschaftsleben – d750 Informelle soziale Beziehungen

Tabelle 9: Teilhabeziele

Bei der Spezifität gilt es darauf zu achten, wie klein- oder großschrittig Ziele formuliert werden. Auch hier gibt es keinen „Goldstandard“, es kommt viel mehr auf die individuelle Situation des Menschen an. Beispielsweise spielen bei Menschen mit psychischen Beeinträchtigungen häufig Stimmungsschwankungen oder Veränderungen der Sichtweisen eine große Rolle. In diesem Setting kann es sich durchaus anbieten, Ziele so kleinschrittig, realistisch und messbar wie möglich zu formulieren. In einem nächsten Schritt im Bedarfsermittlungsverfahren geht es dann darum, zu schauen, wie diese Ziele umgesetzt werden können und welche Maßnahmen dafür notwendig sind.

M steht für messbar: Hier geht es darum, woran bemerkt wird, dass das Ziel erreicht ist. Also: Wie kann das Ausmaß der Verbesserung festgestellt werden? Anhand welches Indikators ist ein Ziel erreicht? Konkrete und spezifisch formulierte Ziele geben im Idealfall vor, wann das Ziel erreicht ist.

Spezifische Teilhabeziele	**Indikator**	**ICF-Kodierung**
– „Ich bereite mir jeden Tag mein eigenes Frühstück zu."	– „Ich fühle mich gesund und habe jeden Morgen einen gut gedeckten Frühstückstisch vor mir."	– d550 Essen – d230 Die tägliche Routine durchführen
– „Ich besuche einmal pro Woche die Selbsthilfegruppe."	– „Ich habe jede Woche Kontakt zu Menschen, denen es genauso geht wie mir. Ich fühle mich nicht allein."	– d710 Elementare interpersonelle Aktivitäten – d570 Auf seine Gesundheit achten
– „Ich treffe mich zweimal in der Woche mit meinen Freunden."	– „Ich sehe meine Freundinnen und wir lachen zusammen. So habe ich am sozialen Leben teil."	– d910 Gemeinschaftsleben – d750 Informelle soziale Beziehungen

Tabelle 10: Indikatoren für Teilhabeziele

Wenn ein Ziel erreicht wird, so kann dies anhand von Indikatoren gemessen werden. Ob diese nun in der ICF-orientierten Bedarfsermittlung festgeschrieben stehen oder ob sie durch spezifisches Fragen („Woran merken Sie, dass das Ziel erreicht ist?") überprüft werden, kann individuell festgelegt werden. Nach Pretis (2016) ist es insbesondere möglich, Erfolg durch erreichbare Etappenziele zu messen (Kleinschrittigkeit). Die Fragestellung dazu wäre: *Wie und/oder woran erkennen Sie, dass Sie das Ziel erreicht haben?*

A bedeutet akzeptabel, autonom oder attraktiv. Die unterschiedlichen Bedeutungen zeigen auf, dass unterschiedliche AutorInnen verschiedene konzeptionelle Zugänge haben können. Die Akzeptanz bzw. Attraktivität verweisen in diesem Zusammenhang klar auf die individuelle Bedeutung, die das jeweilige Ziel für den Menschen, um den es geht, hat. Ziele sollten also für die Menschen mit Beeinträchtigungen im Rahmen ihrer eigenen Wirklichkeit Sinn ergeben. Nur Ziele, die in das Wirklichkeitskonstrukt der jeweiligen

Person passen, besitzen ein Potential dafür, Veränderungen herbeizuführen (Pretis 2016).

R steht für realistisch. Dieser Aspekt steht in einem engen Zusammenhang mit der Spezifität, Messbarkeit und Attraktivität von Zielen. Ziele die als unrealistisch einzuschätzen sind, können (meist) auch nicht erreicht werden. In der Praxis wird dies häufig ein Aushandlungspunkt zwischen Fachkraft und unterstützungssuchendem Mensch sein. Dabei ist es von Bedeutung, auch hier die Personenzentrierung und Partizipation nicht aus den Augen zu verlieren – wenn ein Mensch beispielsweise wünscht, einen Porsche zu fahren, dann kann ein Ansatzpunkt sein, zu schauen, welche Zwischen- und Teilziele ihn dahin bringen könnten (z. B. „Ich habe in drei Monaten einen Teilzeitjob in der Autobranche."). Auch hier ist fachliches Geschick und Qualifikation der professionellen Fachkräfte gefragt, da Selbst- und Fremdwahrnehmung auch in diesem Bereich weit auseinandergehen können. Gegebenenfalls sind ergänzende Sichtweisen im jeweiligen Verfahren der ICF-orientierten Bedarfsermittlung darzustellen.

T steht für terminiert. Dies bedeutet, dass festgelegte Ziele innerhalb einer bestimmten Zeit erreicht werden. Auch dies lässt sich grundsätzlich in jedes Setting (Medizin, Pädagogik, Soziale Arbeit, Therapie) übertragen. In der Eingliederungshilfe sind dies häufig die Planungszeiträume, welche bis zu maximal zwei Jahren andauern können. Gerade bei Erstanträgen auf Eingliederungshilfe und im Bereich von Kindern und Jugendlichen werden in der Regel kürzere Planungszeiträume verwandt, um die Personen kennenzulernen und abschätzen zu können, was für die jeweilige Person in welchem Zeitraum realistisch ist. Also gilt es die Frage zu beantworten: *In welchem Zeitraum kann das Ziel erreicht werden?*

Außer Acht gelassen werden darf hierbei nicht, dass die „smarte" Zielformulierung eine Methodik ist, die ihre Ursprünge in dem Qualitätsmanagement der Industrie hat. So ist es vielleicht nicht immer möglich, ein klassisches „smartes" Ziel zu formulieren, wenn es um Menschen und soziale sowie Beziehungsaspekte geht. Bei einer durchdachten Formulierung mit Abstimmung der nachfragenden Person ist es jedoch meist gut möglich, Ziele nach diesem Prinzip zu formulieren.

In der Beschäftigung mit ICF-orientierter Bedarfsermittlung, dem Nachweis über Leistungen und hin zum Trend der Messbarkeit, ist die Auseinandersetzung mit Zielen und der Zielformulierung unabdingbar. Ein fester Bestandteil der ICF-orientierten Bedarfsermittlung sind damit auch die jeweiligen Evaluationsmöglichkeiten.

Für *Herrn Baum* könnte ein SMARTEs Ziel zum Beispiel sein:

„In drei Monaten besucht Herr Baum den Rehabilitationssport einmal die Woche."

- *S*pezifisch ist dieses Ziel durch die Benennung der Aktivität, in diesem Fall der Rehabilitationssport.
- *M*essbar ist es durch die festgelegte Kontinuität – einmal die Woche.
- *A*ttraktiv wird das Ziel dann, wenn er dies selbst zu seinem Ziel erklärt.
- *R*ealistisch ist dieses Ziel für Herrn Baum ebenso, da er durch seine Unzufriedenheit einen Veränderungswillen besitzt.
- *T*erminiert wird es durch die Zeitangabe, in drei Monaten.

In diesem Beispiel werden mehrere Bereiche der Teilhabe zusammengenommen: Die Mobilität (d430, Gegenstände anheben und tragen) wird verbessert, er kommt mit anderen Menschen in Kontakt (d710, Elementare interpersonelle Aktivitäten), Entwicklung eines Bewusstseins für das eigene Wohlbefinden (d570 auf seine Gesundheit achten) und nimmt an einer sportlichen Freizeitaktivität teil (d920, Erholung und Freizeit).

Umsetzungsbeispiele ICF-orientierter Bedarfsermittlung und damit zusammenhängender Zielformulierung

Rehabilitation: Durch die zunehmende Nutzung der ICF in der beruflichen sowie auch medizinischen Rehabilitation bildet sie die Grundlage für zahlreiche Empfehlungen und Richtlinien in diesen Feldern (Beispiele: BAR, DVfR, DGRW). In diesen Bereichen werden individuelle lebenspraktische Ziele fußend auf einem ICF-Instrumentarium festgelegt. Die Ziele werden ebenso „SMART" formuliert. Um die Qualitätsstandards in der Rehabilitation zu erhalten oder zu verbessern werden die festgelegten Ziele überprüft und evaluiert.

Frühförderung: Ähnlich wie im Feld der Rehabilitation wird in der Frühförderung eine ICF-orientierte Bedarfsermittlung durchgeführt und anhand derer werden „SMARTE" Ziele formuliert. Im Kindes- und Jugendalter dient die ICF-CY (noch) als Grundlage (in Zukunft werden jedoch ICF und ICF-CY in einem Buch zusammengefasst).

Eingliederungshilfe: Meistens bestehen die Instrumente zur Bedarfsermittlung in der Eingliederungshilfe aus verschiedenen Bögen, welche beispielsweise aufgeteilt sind in:

- Personbezogene Daten – kurze Anamnese der Antragstellenden,
- Darstellung der Teilhabebeeinträchtigung,
- Zielerreichungsbogen sowie
- Maßnahmenplanungsbogen und
- Evaluation.

Diese Aufteilung kann je nach Bundesland variieren. Im SGB IX ist in den Regelungen zum Gesamtplan festgelegt, dass eine Überprüfung der gemeinsam formulierten Ziele zu erfolgen hat (§ 121 SGB IX). Sowohl in den Regelungen zum Gesamtplan in der Eingliederungshilfe als auch in den Regelungen zum Teilhabeplan (§ 19 SGB IX) ist festgehalten, dass Teilhabeziele vereinbart werden müssen. Das personenzentrierte und partizipative Gesamtplanverfahren soll die Überprüfung von bewilligten Leistungen nach einem bestimmten Planungszeitraum (spätestens nach zwei Jahren gemäß § 121 Abs. 2 SGB IX) gewährleisten. Die Wirkungskontrolle dient dem Überprüfen und der Sicherstellung der Wirksamkeit von Eingliederungshilfemaßnahmen. Solch eine Evaluation der Leistungen spielt insbesondere für die Menschen mit Beeinträchtigungen eine Rolle, die diese Leistungen beziehen – und so die Wirksamkeit der Unterstützungsmaßnahmen gewährleistet wird. Die Wirkungen der Leistungen werden danach beurteilt, ob sie dazu beitragen, zum einen die im BTHG enthaltenen Zielsetzungen und zum anderen die im Gesamtplanverfahren festgelegte Ziele zu erreichen.

Dem Träger der Eingliederungshilfe ist es, wie erwähnt, möglich, Teilhabezielvereinbarungen abzuschließen. Dies muss kein eigenständiges Dokument sein, die Unterzeichnung bzw. Vereinbarung im Rahmen der Bedarfsermittlung und der dazugehörigen Zielstellungen, kann ebenso eine Zielvereinbarung darstellen.

Ein Großteil der Bedarfsermittlungsverfahren ist so konzipiert, dass sie als lernende Instrumente gelten und den Grundsatz haben, kein statisches, sondern veränderbares Verfahren zu sein, damit flexibel auf praxisrelevante Anforderungen und Veränderungen reagiert werden kann. Diese Eigenschaft unterstützt die Flexibilität bei sich verändernden Teilhabezielen. Für die Praxis bedeutet dies, dass die Qualifikation, Erfahrung und der Habitus der jeweiligen Fachkraft entscheidender ist als das Dokument selbst.

Die alleinige Überprüfung anhand der Regelungen der „smarten" Zielformulierung ist im sozialen Setting häufig nicht ausreichend, sodass auch andere Kriterien an Bedeutung gewinnen – wie zum Beispiel die *individuelle Zufriedenheit* des Menschen mit Beeinträchtigung oder die *Qualität der geleisteten Unterstützung.*

Merke

- Die ICF-orientierte Bedarfsermittlung und daraus resultierende Zielformulierung findet in vielen verschiedenen Bereichen Anwendung (z. B. Rehabilitation, Frühförderung, Eingliederungshilfe).
- Ziele sollten als Teilhabeziele formuliert sein und sich an den neun Lebensbereichen der ICF und des BTHG orientieren.
- Wenn möglich sollten stets „smarte" Zielformulierungen verwendet werden, um Wirkungskontrolle und Evaluation zu sichern.
- Erfahrung, Qualifikation und Haltung der Fachkraft sind bei dem Prozess der Bedarfsfeststellung, -ermittlung und dem Festlegen von Zielen unabdingbar.

10 Von der ICF-orientierten Bedarfsermittlung zu Hilfe-, Förder- und Therapieplänen

Wissenschaftliche Untersuchungen zeigen, dass Menschen gerne selbst oder mitentscheiden möchten, wenn es um für sie bedeutende Lebensinhalte geht (Schiariti et al. 2014, Seidel 2015). Dies gilt für die Bereiche Bildung und Soziales ebenso wie Gesundheit. Selbstbestimmung und Partizipation ist das Recht aller Menschen. Mit der UN-Behindertenrechtskonvention haben die Vereinten Nationen diese Rechte noch einmal deutlich auch für die Menschen mit Behinderungen definiert (UN-BRK 2008).

Für die Fachkräfte in den entsprechenden Settings bedeutet dies, dass der gewünschten und rechtlich zugesprochenen Mitwirkung entsprochen werden muss. Als besonders geeignet hat sich in pädagogischen, sozialen und medizinisch-therapeutischen Settings die Anwendung der ICF der WHO gezeigt. Vor dem Hintergrund, dass die ICF universell anwendbar ist, also nicht nur für Menschen mit Behinderung, sondern auch für alle anderen Menschen in anderen Kontexten, wird verständlich, dass ein Basiswissen zur ICF für alle Fachkräfte, die in sozialen, pädagogischen oder Gesundheitskontexten arbeiten (wollen), notwendig ist (Schuntermann 2005, Seidel & Simon 2014).

Zwar gibt es in den jeweiligen Disziplinen und Professionen oft „eigene Ordnungs- und Klassifikationssysteme“, diese sind Personen aus anderen Professionen oder Kontexten aber oft nicht bekannt oder vertraut. Gleiches gilt für den Austausch mit Fachkräften aus dem Ausland. Insofern ist die ICF ein von Fachleuten und der Selbsthilfe entwickeltes, international erstelltes und anerkanntes Klassifikationssystem für Fachkräfte unterschiedlicher Professionen. Aktuelle Untersuchungen zeigen, dass die ICF selbst in den aktuellen akademischen Curricula, den Modulhandbüchern an den Hochschulen und Universitäten, bislang nicht ausreichend repräsentiert ist. Bei den Sozial- und Gesundheitsberufen ist die ICF als Lehrthema in weniger als 20% aller Modulhandbücher vertreten. Auch Partizipation wird nur in etwa der Hälfte der Modulhandbücher benannt. Dies ist erstaunlich, denn ein partizipativer Behinderungsbegriff ist in Deutschland seit 2001 etabliert. Diese Ergebnisse deuten also deutlich darauf hin, dass die ICF und die Inhalte der ICF und des bio-psycho-sozialen Modells bislang in der Lehre von Studierenden nicht ausreichend repräsentiert sind (eigene Daten).

Wahrscheinlich werden die gesetzlichen Vorgaben und Ausführungsbestimmungen (z. B. für die Eingliederungshilfe oder die Medizinische Rehabilitation) in den kommenden Jahren die Verbreitung von Wissen und Anwendung der ICF befördern. Auch in der Pädagogik und Jugendhilfe gibt es ein zunehmendes Interesse für die Inhalte und Anwendungsmöglichkeiten der ICF.

AnwenderInnen von ICF-orientierten Arbeitskonzepten beschreiben positive Erfahrungen für das eigene Arbeitserleben sowie in der interdisziplinären Zusammenarbeit, die als bereichernd (Lernen miteinander, Erweiterung des eigenen Horizontes) und Verbesserung für die Versorgung beschrieben wird. Viele Fachleute beschreiben positive Erfahrungen im beruflichen Alltag, wenn die ICF als „gemeinsame Sprache" zur Verbesserung der Kommunikation zwischen den Fachkräften aus verschiedenen Professionen, aber auch zwischen den verschiedenen Menschen und den Fachkräften erlebt wird. Selbstverständlich kosten Absprachen auch Zeit und Geld, doch diese Aufwendungen finden bei einem gut abgestimmten Hilfeplan in der Gesamtbetrachtung eine rasche „Refinanzierung", da Ressourcen optimiert eingesetzt werden können. Dies bedeutet jedoch nicht gleichzeitig, dass alle Beteiligten daraus einen (finanziellen) Vorteil erzielen können, insbesondere dann, wenn zunächst Zeiten für Absprachen und interdisziplinären Austausch (noch) nicht im System bereitstehen und finanziert werden. Und selbstverständlich bedürfen interdisziplinäre Absprachen und „Runde Tische" entsprechende Regeln, die zwischen den Teilnehmenden vereinbart werden müssen (Seidel 2015).

Die WHO empfiehlt, dass AnwenderInnen der ICF eine Schulung auf und mit dem neuen Klassifikationsinstrument machen sollen. Die Erfahrungen im In- und Ausland zeigen darüber hinaus, dass für eine „Basisschulung ICF" zwei Arbeitstage eingeplant werden sollten. Besonders vorteilshaft ist eine praxisorientierte Schulung mit Fallbeispielen, die in Kleingruppen besprochen, diskutiert und „gelöst" werden sollten. Damit die unterschiedlichen Perspektiven einzelner Fachkräfte (unterschiedlicher Berufsgruppen) deutlich werden, sollte eine solche „Basisschulung ICF" nach Möglichkeit mit Fachkräften unterschiedlicher Berufsgruppen durchgeführt werden. Die AutorInnen haben die Erfahrung gemacht, dass gemeinsame Schulungen von Fachkräften aus unterschiedlichen Institutionen (z. B. Schule, Gesundheitsamt und Jugendamt) von den TeilnehmerInnen als besonders positiv bewertet werden, da „neue und andere Perspektiven" im Schulungssetting „entspannt ausdiskutiert" werden können. Im Arbeitsalltag führen unterschiedliche Perspektiven und Interessen meist zu schwierigeren Aushandlungsprozessen. In vielen Schulungskontexten wird für die ICF-Basisschulung eine Moderation durch ein „interdisziplinäres Team" empfohlen, d. h. die Schulung wird von zwei ICF-TrainerInnen durchgeführt, die nicht die gleiche Profession haben (Schuntermann 2005, Schuntermann 2009).

Mit einer ICF-Basisschulung, bei der die TeilnehmerInnen mit den Inhalten der ICF vertraut werden, erwerben diese auch die Kompetenz, die ICF für den eigenen beruflichen Alltag zu nutzen. Mit den Inhalten der ICF vertraut zu sein heißt:

- die Philosophie der ICF verstanden zu haben (Personenzentrierung, Selbstbestimmung, partizipativer Ansatz),
- mit den ethischen Leitlinien der ICF vertraut zu sein,
- das bio-psycho-soziale Modell zu kennen und für den eigenen beruflichen Kontext anwenden zu können
- sowie die Möglichkeiten und Grenzen der Dokumentation und des Kodierens erfasst zu haben.

Mit diesem Wissen und diesen Kompetenzen können Fachkräfte anschließend zum einen im eigenen Praxisfeld die ICF-orientierten Anforderungen im Berufsfeld erfüllen und haben zum anderen die Fähigkeit, Fachkräfte aus anderen Kontexten, die möglicherweise mit anderen ICF-basierten Werkzeugen im Alltag arbeiten, zu verstehen und mit diesen in der „gemeinsamen Sprache ICF" zu kommunizieren.

Die ICF selbst ist – nach dem Willen der WHO – kein Assessmentverfahren, sondern eine Klassifikation zur Beschreibung von Gesundheitszuständen. Die WHO selbst beschreibt und wünscht, dass solche Assessments oder Verfahren zur Bedarfsermittlung auf Basis der ICF entwickelt werden, dies wäre dann mit ICF-orientierter Bedarfsermittlung zu benennen. Nachfolgend werden einige Beispiele aus (sozial-/sonder-)pädagogischen, sozialen oder medizinisch-therapeutischen Settings aufgeführt:

- Frühförderung (Förder- und Behandlungsplan)
- Sozialpädiatrie (Beispiel PartChild und das ICF-Schulungsprogramm für Sozialpädiatrische Zentren)
- Schulische Standortgespräche/Entwicklungsgespräche im Setting Schule
- Hilfsmittelverordnung in der Medizin
- Sozialmedizin/Rehabilitation
- ICF-orientierte Bedarfsermittlung in der Eingliederungshilfe

Frühförderung: Vorschulkindern bei denen eine Behinderung droht, oder bei denen eine Behinderung festgestellt wurde, haben einen gesetzlichen Anspruch auf Frühförderung. In Deutschland wird zunehmend die Interdisziplinäre Frühförderung als Komplexleistung (medizinisch-therapeutische und heilpädagogische Inhalte) angeboten und ausgeführt. Die Kinder und Familien sollen so Beratung, Hilfen und Unterstützung abgestimmt und aus einer Hand bekommen. Sofern die Bedingungen für eine solche Hilfe erfüllt sind, wird im Team (Eltern, Fachkräfte aus der Medizin, Pädagogik und ggf. weitere) ein Förder- und Behandlungsplan erstellt, der verschriftet und von allen Beteiligten unterschrieben wird. In einem solchen Förder- und Behandlungsplan werden auch die Förderziele für den jeweiligen Zeitraum (meist sechs bis zwölf Monate) festgelegt. Die Bedarfsermittlung in diesem Setting (Erstellung und Dokumentation) erfolgt dabei ICF-orientiert, d. h. die Philosophie und die ICF als gemeinsame Sprache (Dokumentation, Kodierung) finden Anwendung. Für die Vereinigung für interdisziplinäre Frühförderung (VIFF e.V.) hat eine interdisziplinäre Arbeitsgruppe ein Curriculum für die ICF-Basisschulung sowie für die Ausbildung von ICF-TrainerInnen entwickelt.

Sozialpädiatrie und ICF-orientierte Bedarfsermittlung: Für die Deutsche Gesellschaft für Sozialpädiatrie und Jugendmedizin (DGSPJ) hat eine interdisziplinäre Arbeitsgruppe ein Curriculum für die ICF-Basisschulung in Sozialpädiatrischen Zentren (SPZ) entwickelt. Dieses Projekt ist von der Leiterin der Arbeitsgruppe (PD Dr. Heike Philippi) gemeinsam mit dem Mannheim Institute for Public Health (Prof. Dr. Freia de Bock) als Forschungsprojekt „PartChild“ weiterentwickelt worden und wird vom Gemeinsamen Bundesausschuss mit fast 2 Mio. Euro unterstützt. Im PartChild Projekt lernen MitarbeiterInnen in SPZ (aus der Medizin, Pädagogik, Pflege, Psychologie, Sozialen Arbeit, Therapie, Verwaltung) die Inhalte der ICF-Basisschulung und werden zusätzlich jeweils einen Tag für die Gesprächsführung und das Erarbeiten von partizipationsorientierten Therapiezielen geschult.

Schulische Standortgespräche und Entwicklungsgespräche in der Schule: Im Kontext Schule werden ICF-orientierte und individuelle Förderpläne für alle SchülerInnen (also solche ohne und mit sonderpädagogischem Förderbedarf) zu Beginn eines Schuljahres, gemeinsam mit den zuständigen LehrerInnen, pädagogischen Fachkräften, den Personensorgeberechtigten (meist den Eltern) und den Kindern beraten und festgelegt. In der Schweiz gibt es mit dieser Form der ICF-orientierten Bedarfsermittlung bereits seit vielen Jahren sehr positive Erfahrungen. Initial wurde diese Konzeption nur für SchülerInnen mit sonderpädagogischem Förderbedarf genutzt, mittlerweile ist die

Anwendung in fast allen Kantonen auch für Kinder und Jugendliche ohne einen solchen Förderbedarf übernommen worden. In Italien wird bereits seit mehr als zehn Jahren in der Sonderpädagogik eine ICF-orientierte Bedarfsermittlung eingesetzt. Auch in Deutschland, wenngleich die ICF im (sonder-)pädagogischen Kontext noch keine große Rolle spielt, finden bereits an vielen Schulen ähnliche Konzepte Anwendung.

Hilfsmittelverordnung in der Medizin: In der Hilfsmittelrichtlinie des Gemeinsamen Bundesausschusses wird in den allgemeinen Verordnungsgrundsätzen darauf hingewiesen, dass die Notwendigkeit für die Verordnung von Hilfsmitteln sich nicht allein aus der Diagnose ergibt, sondern eine Gesamtbetrachtung unter Anwendung der ICF erfolgen muss, um Bedarf, Fähigkeit zur Nutzung, Prognose und Ziel einer Hilfsmittelversorgung zu ermitteln. Dabei sind die individuellen Kontextfaktoren in Bezug auf Person und Umwelt als Voraussetzung für das angestrebte Behandlungsziel zu berücksichtigen. Ein gutes Beispiel für eine ICF-orientierte Bedarfsermittlung in diesem Bereich sind der Statuserhebungsbogen und die Bedarfsermittlungsbögen von rehaKIND e.V. Diese stehen im Internet kostenlos, auch als EDV-gestützte Version, zur Verfügung (www.rehakind.com). Dabei erfolgt eine Abstimmung, Dokumentation und Überprüfung der gemeinsam (Arzt, Eltern, Therapeut, Hilfsmittelhersteller) vereinbarten individuellen Ziele orientiert an der ICF.

Sozialmedizin/Rehabilitation: Die Bedarfsermittlung ist ein entscheidender Schritt im Rehabilitationsprozess; als Beispiel soll ein Projekt aus den Berufsbildungswerken aufgeführt werden. In einem Verbundprojekt haben die Bundesarbeitsgemeinschaft für Rehabilitation für die Seite der Leistungsträger, die Bundesarbeitsgemeinschaft der Berufsbildungswerke für die Seite der Leistungserbringer sowie die Hochschule Magdeburg-Stendal für die Seite der Wissenschaft gemeinsam von 2015 bis 2018 ein neues ICF-orientiertes Bedarfsermittlungskonzept für Leistungen zur Teilhabe am Arbeitsleben erarbeitet. In den Berufsbildungswerken werden bereits zu Beginn der Maßnahmen dort ICF-orientiert die Weichen gestellt für eine effiziente, individuelle Rehabilitation sowie den erfolgreichen Übergang bzw. Wiedereintritt in den Arbeitsmarkt.

ICF-orientierte Bedarfsermittlung in der Eingliederungshilfe: Seit dem 01.01.2020 ist in der Eingliederungshilfe die ICF-orientierte Bedarfsermittlung (§ 118 SGB IX) für die Teilhabe- und Gesamtplanung gesetzlich vorgeschrieben. Der Träger der Eingliederungshilfe hat dabei die Leistungen unter Berücksichtigung der Wünsche des Leistungsberechtigten festzustellen (Personenzentrierung). Die Ermittlung des individuellen Bedarfes des Leistungsberechtigten muss durch ein Instrument erfolgen, das sich an der Internationalen Klassifikation der Funktionsfähigkeit, Behinderung und Gesundheit orientiert. Das Instrument hat die Beschreibung einer nicht nur vorübergehenden Beeinträchtigung der Aktivität und Teilhabe in den neun Lebensbereichen (der ICF) vorzusehen. Da mit dem BTHG die Landesregierungen ermächtigt wurden über das Instrument der Bedarfsermittlung selbst zu entscheiden, gibt es heute in Deutschland in den Bundesländern unterschiedliche Verfahren in der Anwendung.

Die oben genannten Beispiele zeigen, dass die ICF-orientierte Bedarfsermittlung in mehreren Kontexten und Settings Anwendung findet. Die gemeinsame Basis ist dabei die ICF der WHO als Grundlage der jeweiligen Bedarfsermittlung. Auch wenn die oben beschriebenen ICF-orientierten Verfahren meist institutionell genutzt werden (also in der Frühförderstelle, im SPZ, in der Schule, im Krankenhaus, in der Rehaklinik, in der Eingliederungshilfe) sind interinstitutionelle Abstimmungen im Sozialraum oft von entscheidender Bedeutung, auch wenn in einer anderen Institution ein anderes Verfahren oder Formular Anwendung findet. ICF-orientierte Bedarfsermittlung ist also weniger ein Instrument oder administrativer Akt als eine veränderte Praxis (der ausführenden Fachkräfte).

Merke

- Die ICF-orientierte Bedarfsermittlung findet in mehreren Kontexten und Settings Anwendung.
- Die ICF und das bio-psycho-soziale Modell sind in der akademischen Ausbildung von Gesundheits- und Sozialberufen bislang nicht ausreichend repräsentiert.
- Empfohlen wird eine zweitägige Basisschulung im interdisziplinären Setting, idealerweise mit den KooperationspartnerInnen aus dem Sozialraum.

11 Von der ICF-orientierten Bedarfsermittlung zur Gesamt- und Teilhabeplanung

Zunächst besteht eine *Beratungspflicht* der Leistungsträger gegenüber den Antragstellenden (gemäß § 106 SGB IX). Diese Beratungspflicht bestand auch schon vor der Neuausgestaltung der Sozialgesetzbücher, gewinnt jedoch nun vermehrt an Bedeutung. Speziell tritt nun auch das sogenannte „Peer Counseling" in den Vordergrund. Im allgemeineren Sinne ist hiermit die Beratung von Menschen mit Beeinträchtigung für Menschen mit Beeinträchtigung gemeint. Die Erfahrung, die Menschen gesammelt haben, die bereits in ähnlichen Lebenssituationen waren, wird von den Menschen, die die Leistungen beantragen wollen, als sehr hilfreich erlebt. Seit dem 1.1.2018 wird mit dem Konzept der „ergänzenden unabhängigen Teilehabeberatung" (§ 32 SGB IX) ein Netz an Beratungsstellen aufgebaut, welches bereits im Vorfeld über Teilhabeleistungen und ihre Inanspruchnahme informiert. Insbesondere steht hier die Beratung von Menschen mit Beeinträchtigungen für Menschen mit Beeinträchtigungen im Vordergrund (siehe S. 66). Die Leistungsträger stehen in der Pflicht, die Menschen mit Beeinträchtigung über Verwaltungsabläufe, Hinweise zu Leistungsanbietern und weiteren Unterstützungsmöglichkeiten im Sozialraum zu beraten und zu informieren. Weiterhin sind die Träger der Eingliederungshilfe in der Pflicht, den Menschen bei Bedarf während des gesamten Verwaltungsverfahrens (z. B. Unterstützung bei Antragstellung zur Leistungen der Eingliederungshilfe) oder auch im Zusammenhang mit Leistungserbringung (z. B. Vorbereitung der Kontaktaufnahme und Begleitung zu Leistungsanbietern) zu unterstützen. Die Umsetzung dieser Festschreibung obliegt den Leistungsträgern (Ländern und Kommunen), die die Leistungen der Eingliederungshilfe in eigener Zuständigkeit durchführen.

Wenn eine Beratung zu den genannten Punkten stattgefunden hat, differenziert sich im weiteren Verlauf aus, welche Leistungen zur Rehabilitation in Frage kommen. Dieser Schritt ist ebenso maßgeblich dafür, ob ein *Teilhabeplan* (gemäß § 19 Abs. 1, 2 SGB IX) *oder ein Gesamtplan* (gemäß § 117–122 SGB IX) erstellt wird. Zukünftig wird *ein* Rehabilitationsantrag genügen, um alle benötigten Leistungen von unterschiedlichen Rehabilitationsträgern zu erhalten. In diesem Zug wird auch die Zusammenarbeit der einzelnen Leistungsträger koordiniert geregelt (Leistungskoordination). So werden

„Leistungen wie aus einer Hand“ ermöglicht. Das Teilhabeplanverfahren gilt für alle in § 6 SGB IX genannten Rehabilitationsträger und ist zwingend zu beachten. Für Leistungen der Eingliederungshilfe gelten ergänzend zu den Vorschriften des Teilhabeplanverfahrens die Vorschriften der Gesamtplanung (§ 117 ff. SGB IX). Es handelt sich nicht um zwei selbstständige Verfahren. Für Leistungen der Eingliederungshilfe wird zur Bedarfsermittlung ein Instrument zur Bestimmung des Bedarfes herangezogen, welches sich an der ICF orientiert.

Ein Teilhabeplan kommt zum Tragen, wenn im Rahmen der Rehabilitation Leistungen erforderlich sind, die im Sinne des § 5 SGB IX aus verschiedenen Leistungsgruppen (beispielsweise Leistungen zur medizinischen Rehabilitation, Leistungen zur Teilhabe am Arbeitsleben oder Leistungen zur sozialen Teilhabe) stammen oder wenn Leistungen von mehreren Rehabilitationsträgern (z. B. Rentenversicherung, Eingliederungshilfe) zu erbringen sind. Ebenso ist ein Teilhabeplan aufzustellen, wenn der Mensch mit Beeinträchtigung die Aufstellung eines solchen Plans wünscht. Inhalte des Teilhabeplans sind nach § 19 Abs. 2 SGB IX:

1. den Tag des Antragseingangs beim leistenden Rehabilitationsträger und das Ergebnis der Zuständigkeitsklärung und Beteiligung nach den §§ 14 und 15,
2. die Feststellungen über den individuellen Rehabilitationsbedarf auf Grundlage der Bedarfsermittlung nach § 13,
3. die zur individuellen Bedarfsermittlung nach § 13 eingesetzten Instrumente,
4. die gutachterliche Stellungnahme der Bundesagentur für Arbeit nach § 54,
5. die Einbeziehung von Diensten und Einrichtungen bei der Leistungserbringung,
6. erreichbare und überprüfbare Teilhabeziele und deren Fortschreibung,
7. die Berücksichtigung des Wunsch- und Wahlrechts nach § 8, insbesondere im Hinblick auf die Ausführung von Leistungen durch ein Persönliches Budget,
8. die Dokumentation der einvernehmlichen, umfassenden und trägerübergreifenden Feststellung des Rehabilitationsbedarfs in den Fällen nach § 15 Abs. 3 Satz 1,
9. die Ergebnisse der Teilhabeplankonferenz nach § 20,

10. die Erkenntnisse aus den Mitteilungen der nach § 22 einbezogenen anderen öffentlichen Stellen und
11. die besonderen Belange pflegender Angehöriger bei der Erbringung von Leistungen der medizinischen Rehabilitation.

Der Teilhabeplan ist die Grundlage für die gemeinsame Entscheidungsfindung von Rehabilitationsträgern und den Leistungsberechtigten bezüglich in Betracht kommender Unterstützungsleistungen. In manchen Fällen ist es möglich, dass vor der Durchführung des Teilhabeplans, gemäß § 20 SGB IX, eine Teilhabeplankonferenz stattfinden kann. Dies erscheint vor allem dann sinnvoll, wenn sich der leistende Rehabilitationsträger mit anderen Beteiligten über die Feststellung des Bedarfes austauschen möchte. Allgemein liegt die Durchführung einer Teilhabeplankonferenz im Ermessen des leistenden Rehabilitationsträgers. Solch eine Konferenz bedarf der Zustimmung des Menschen mit Beeinträchtigung und muss daher nicht zwingend erfolgen. Neben dem leistenden Rehabilitationsträger können Leistungsberechtigte, das Jobcenter und beteiligte Rehabilitationsträger eine Teilhabeplankonferenz vorschlagen. Der leistende Rehabilitationsträger kann, laut § 20 SGB IX, von diesen Vorschlägen abweichen, wenn:

1. der zur Feststellung des Rehabilitationsbedarfes maßgebliche Sachverhalt schriftlich ermittelt werden kann,
2. wenn der Aufwand zur Durchführung nicht in einem angemessenen Verhältnis zum Umfang der beantragten Leistung steht oder
3. wenn eine Einwilligung nach § 23 Abs. 2 SGB IX nicht erteilt wurde.

Falls der leistende Rehabilitationsträger dem Vorschlag der Leistungsberechtigten nicht nachgehen mag und keine Teilhabeplankonferenz durchgeführt werden soll, so müssen leistende Rehabilitationsträger die Gründe hierfür darlegen und den Leistungsberechtigten die Möglichkeit zur Stellungnahme geben. Wenn Mütter oder Väter mit Beeinträchtigung Leistungen zur Versorgung und Betreuung ihrer Kinder beantragen wollen und sie eine Teilhabeplankonferenz vorschlagen, so muss diese durchgeführt werden (§ 20 Abs. 2 SGB IX).

Im Rahmen eines Teilhabeplanverfahrens ist per se noch nicht festgelegt, dass ein Bedarfsermittlungsverfahren angewandt werden muss, welches sich an der ICF orientiert. Dies ändert sich, sobald Leistungen der Eingliederungshilfe zu den Unterstützungsleistungen hinzukommen. Zusammengenommen erscheint es mit Grundlage der UN-BRK sowie der neuen Definition (§ 2 SGB IX) von Behinderung schwierig, eine Bedarfsermittlung durchzuführen, die sich nicht an der ICF sowie der dahinterstehenden Philosophie orientiert. Grundsätzlich sind natürlich auch bei der Durchführung der Teilhabeplanung die unumgänglichen Prinzipien

- Personenzentrierung,
- Transparenz und
- Partizipation

zu wahren. Bei der Ausgestaltung der Gesamtplanung hingegen sind die Leistungsträger der Eingliederungshilfe in der Pflicht, ein Bedarfsermittlungsinstrument zu nutzen, welches sich an der ICF (gemäß § 118 SGB IX) sowie an den neun Lebensbereichen orientiert. Laut § 117 SGB IX muss sich ein Gesamtplanverfahren an qualitätssichernden Maßstäben orientieren (siehe Kapitel: von der ICF zur Bedarfsermittlung), wie zum Beispiel: Einbezug der Leistungsberechtigten in allen Verfahrensschritten, Partizipation der Leistungsberechtigten und die Durchführung einer Gesamtplankonferenz. Abbildung 2 stellt den Ablauf des Prozesses der Gesamtplanung dar.

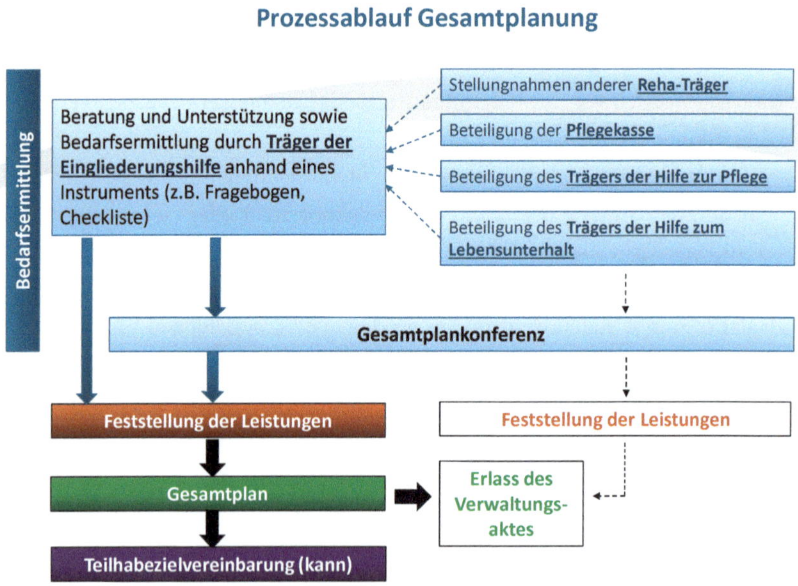

Abbildung 2: Prozessablauf Gesamtplanung (BAGüS Februar 2018)

Wie Abbildung 2 (BAGüS Februar 2018) zu entnehmen ist, erfolgt zunächst die Bedarfsermittlung durch die Träger der Eingliederungshilfe anhand eines speziellen Instruments, wobei andere beteiligte Rehabilitationsträger ebenso miteinbezogen werden. Daraufhin kann nach § 119 SGB IX mit Zustimmung des Leistungsberechtigten eine Gesamtplankonferenz durchgeführt werden, um die Leistungen für den Leistungsberechtigten nach den Kapiteln 3 bis 6 sicherzustellen. Sowohl Leistungsberechtigte als auch beteiligte Rehabilitationsträger können dem nach § 15 SGB IX verantwortlichen Rehabilitationsträger der Eingliederungshilfe die Durchführung einer Gesamtplankonferenz vorschlagen. Ähnlich wie bei den Regelungen zur Teilhabeplankonferenz kann der Vorschlag zur Durchführung einer Gesamtplankonferenz abgelehnt werden, wenn der maßgebliche Sachverhalt schriftlich ermittelt werden kann oder der Aufwand zur Durchführung nicht in einem angemessenen Verhältnis zum Umfang der beantragten Leistung steht. Wenn Mütter und Väter mit Beeinträchtigungen, die Versorgungs- und/oder Betreuungsleistungen für ihre Kinder beanspruchen wollen, eine Gesamtplanplankonferenz vorschlagen, dann muss dem nachgegangen werden. Die Ergebnisse der Bedarfsermittlung nach § 118 SGB IX dienen für die Gesamtplankonferenz als Grundlage. Weiterhin beraten Leistungsberechtigte, die Träger der Eingliederungshilfe und beteiligte Leistungsträger über die verschiedenen Stellungnahmen, die gutachterliche Stellungnahme, die Wünsche der Leistungsberechtigten, den Beratungs- und Unterstützungsbedarf sowie die Erbringung der Leistungen (§ 119 Abs. 2 SGB IX). Im nächsten Schritt – nach Abschluss der Gesamtplankonferenz – stellen die Träger der Eingliederungshilfe und die beteiligten Leistungsträger ihre Leistungen innerhalb der für sie geltenden Leistungsgesetze fest (§ 120 Abs. 1 SGB IX). Der Träger der Eingliederungshilfe erlässt auf Grundlage des Gesamtplanes, nach § 121 SGB IX, den Verwaltungsakt über die festgestellten Leistungen. Wenn die Leistungen festgestellt wurden, dann wird unverzüglich ein Gesamtplan zur Durchführung der einzelnen Leistungen oder der Einzelleistungen aufgestellt. Der Gesamtplan dient der Steuerung, der Wirkungskontrolle und Dokumentation des Teilhabeprozesses und bedarf der Schriftform. Spätestens nach zwei Jahren soll dieser überprüft und fortgeschrieben werden (§ 121 Abs. 2 SGB IX). Bei der Aufstellung des Gesamtplans wirkt der Träger der Eingliederungshilfe zusammen mit:

- dem/der Leistungsberechtigten,
- einer Person seines/ihres Vertrauens,
- dem im Einzelfall Beteiligten (z. B. behandelnde/r ÄrztIn, Gesundheitsamt, Landesarzt, Jugendamt oder der Agentur für Arbeit) (§ 121 Abs. 3 SGB IX).

Neben den in § 19 SGB IX festgelegten Inhalten enthält der Gesamtplan mindestens noch:

1. die im Rahmen der Gesamtplanung eingesetzten Verfahren und Instrumente sowie die Maßstäbe und Kriterien der Wirkungskontrolle einschließlich des Überprüfungszeitpunkts,
2. die Aktivitäten der Leistungsberechtigten,
3. die Feststellungen über die verfügbaren und aktivierbaren Selbsthilferessourcen des Leistungsberechtigten sowie über Art, Inhalt, Umfang und Dauer der zu erbringenden Leistungen,
4. die Berücksichtigung des Wunsch- und Wahlrechts nach § 8 im Hinblick auf eine pauschale Geldleistung,
5. die Erkenntnisse aus vorliegenden sozialmedizinischen Gutachten und
6. das Ergebnis über die Beratung des Anteils des Regelsatzes nach § 27a Abs. 3 des Zwölften Buches, der den Leistungsberechtigten als Barmittel verbleibt (§ 121 Abs. 4 SGB IX).

In Absatz 5 des § 121 SGB IX wird festgehalten, dass der Träger der Eingliederungshilfe den Leistungsberechtigten den Gesamtplan zur Verfügung stellt.

Zu guter Letzt wird gemäß § 122 SGB IX eine Teilhabezielvereinbarung zur Umsetzung der Mindestinhalte des Gesamtplans oder von Teilen der Mindestinhalte des Gesamtplanes erstellt. Die Teilhabezielvereinbarung kann im Laufe des Bewilligungszeitraumes auch angepasst werden.

Diese neuen Regelungen führen dazu, dass *Herr Baum* nach seinen Wünschen und Vorstellungen gefragt werden würde in Bezug auf seinen Teilhabestatus und als Experte für sein Leben betrachtet wird. Im Gegensatz zur vorherigen Gesetzgebung wird nun der Schwerpunkt klar auf die Personenzentrierung gelegt. Falls Herr Baum nicht nur die Leistung des Rehabilitationssportes in Anspruch nehmen möchte, bietet sich als Schritt 1 eine unabhängige Beratung an, bei der er in die Prozesse miteinbezogen wird und ihm Möglichkeiten und Perspektiven eröffnet werden. Während dieses Prozesses darf er zu jeder Zeit eine Person seines Vertrauens hinzuziehen. In diesem Beratungsprozess kristallisiert sich heraus, ob ein Gesamt- oder Teilhabeplan für ihn erstellt wird. Sobald er Leistungen der Eingliederungshilfe bezieht, gelten ergänzend zu den Vorschriften des Teilhabeplans die Vorschriften zur Gesamtplanung. Je nachdem in welchem Bundesland Herr Baum wohnt, würde ein Bedarfsermittlungsverfahren angewandt werden – indem er spezifisch gefragt wird, was er erreichen, was er verbessern und wo er sich in einem Jahr sehen möchte.

Bei dem gesamten Prozess ist der Mensch, um den es geht, miteinzubeziehen und mit seinen Wünschen, Vorstellungen sowie Zielen in den Mittelpunkt zu stellen. Die neue Gesetzgebung fordert eindeutiges Mitbestimmungsrecht und Partizipation für die Antragstellenden. Die teilweise bürokratisch erscheinenden neuen Strukturen und Richtlinien mögen auf den ersten Blick den Eindruck eines „Mehraufwandes“ vermitteln. Diese Umstrukturierung kann auf der anderen Seite jedoch die Chance und Möglichkeiten zur partizipativen Mitbestimmung mit sich bringen. Unabhängig von den gesetzlichen Regelungen und Einhaltung der vorgeschriebenen Planungen kommt es jedoch vielmehr auf die Haltung an, die eine lebensweltorientierte und personenzentrierte Sichtweise mit sich bringt.

Merke

- Beratungspflicht der Leistungsträger gegenüber Antragstellenden „Peer Counseling“.
- Ein Rehabilitationsantrag genügt, um Leistungen von unterschiedlichen Rehabilitationsträger zu erhalten Leistungskoordination.
- Ob ein Teilhabe- oder Gesamtplan zum Tragen kommt, differenziert sich im Beratungsprozess aus.
- Sobald Leistungen von mehreren Rehabilitationsträgern in Anspruch genommen werden sollen, muss ein Teilhabeplan erstellt werden.
- Wenn von der Erstellung eines Teilhabeplans abgesehen werden soll, dann kann dieser dennoch auf Wunsch des/der Einzelnen durchgeführt werden.
- Sobald Leistungen der Eingliederungshilfe beansprucht werden sollen, gelten ergänzend zu den Vorschriften des Teilhabeplanverfahrens die Vorschriften für die Gesamtplanung.
- Bei der Gesamtplanung in der Eingliederungshilfe muss ein Instrument zur Ermittlung des Bedarfes verwandt werden, welches sich an der ICF orientiert.

12 Herausforderungen und Chancen beim Arbeiten mit der ICF

ICF-orientiertes Arbeiten bietet sicherlich Herausforderungen, aber es bietet auch große Chancen für alle Beteiligten, Menschen mit Beeinträchtigungen wie Akteurinnen und Akteure. Neue Strukturen und Regelungen erfordern stets ein Umdenken und eine Umorientierung der bisherigen Arbeitsweise beziehungsweise bisheriger Arbeitsabläufe.

Herausforderungen können unter anderem die Veränderung des Status Quo bedeuten, dies ist nicht selten mit Ängsten verbunden, die durch diese Änderungen entstehen können. Für Führungskräfte bedeutet das, ein „Change Management" entsprechend vorzubereiten, durchzuführen und unberechtigte Ängste zu nehmen. Welche weiteren Herausforderungen sind zu sehen:

- Schulung der Professionellen in den Bereichen Gesundheit, Soziales und Pädagogik mit dem „Werkzeug ICF" und den „neuen" Herangehensweisen (Personenzentrierung und Partizipation)
- Kooperation sowie Kommunikation mit Netzwerkpartnern und die Berücksichtigung der Infrastrukturen im jeweiligen Sozialraum
- Personenzentrierung und fachliche Perspektive zusammenbringen
- Selbstbestimmung und Partizipation bei Kindern und erwachsenen Menschen mit Einschränkungen in der Kommunikation und/oder der Intelligenz

Um Fachkräfte für ein ICF-orientiertes Arbeiten in der beruflichen Praxis vorzubereiten, wird meistens eine zweitägige Weiterbildung empfohlen. Dies bietet die Möglichkeit, dass Fachkräfte das bio-psycho-soziale Modell kennenlernen und dessen Anwendung praxis- und fallorientiert außerhalb der beruflichen Praxis einüben und – gemeinsam mit anderen Fachkräften – reflektieren können. Gerade die Umsetzung von Personenzentrierung und Partizipation in der beruflichen Praxis wird durch ein solches Vorgehen erleichtert.

Eine verbesserte Kooperation der unterschiedlichen Akteurinnen und Akteure im Sozialraum, dies kann eine Stadt, der Landkreis, das Einzugsgebiet, das Bundesland oder Deutschland sein, kann durch ein miteinander abgestimmtes ICF-orientiertes Arbeiten befördert werden. Dies ermöglicht nicht nur eine Ressourcenschonung im Sinne einer (zeit-)ökonomischen Optimierung der Abläufe, sondern kann die Arbeitszufriedenheit bei gelingender interdisziplinärer Zusammenarbeit – sowohl intrainstitutionell als auch interinstitutionell – steigern.

Auch bislang gab es immer wieder unterschiedliche Einschätzungen von Unterstützungssuchenden und Anbietern von Leistungen. Die unterschiedlichen Perspektiven (Personenzentrierung vs. fachliche Perspektive) sind also nicht erst mit ICF-orientiertem Arbeiten offensichtlich geworden. Neu ist lediglich, dass mit dem Primat der Selbstbestimmung und Teilhabe ein „Aushandeln" eines gemeinsamen Weges in der Beratung, Diagnostik oder Hilfeplanung partizipativ und transparent gestaltet und dokumentiert werden muss. Der Vorteil eines solchen Vorgehens ist (für die Fachkraft), dass die Person (meist) eine stärkere Eigeninitiative einbringen wird (als vielleicht bislang).

Selbstbestimmung und Partizipation ist jedoch eine besondere Herausforderung bei Kindern und erwachsenen Menschen mit Einschränkungen in der Kommunikation und/oder der Intelligenz. Sofern Menschen sich nicht selbst (ausreichend) äußern können, müssen deren Personensorgeberechtigte miteinbezogen und gehört werden.

Bei der Ermittlung von Wünschen und Zielen sind in Zukunft – wahrscheinlich mehr als bisher – kreative Ideen und Lösungen gefragt. Auf dem Weg dorthin bietet die ICF-orientierte Arbeitsweise die Möglichkeit einer verbesserten Kommunikation zwischen den Fachkräften und mit den Fachkräften für die Person mit Beeinträchtigung, da die ICF eine (einfache) gemeinsame Sprache bietet und damit die Kommunikation und Abstimmung erleichtern kann.

Die Einführung ICF-orientierter Arbeitsstrukturen sollte im Team gemeinsam vorbereitet werden. Dabei sind die bestehenden Strukturen und Prozesse zu beachten. Hilfreich kann die Miteinbeziehung des Qualitätsmanagements sein; ein solches Vorgehen integriert ICF-orientiertes Arbeiten in den beruflichen Alltag („Umbau statt Anbau").

Merke

- Umorientierung und Umdenken ist für eine personenzentrierte Arbeitsweise notwendig.
- „Change Management"-Prozesse werden für Führungskräfte für eine gelingende Umsetzung der Änderungen unabdingbar („Umbau statt Anbau").

- Durch ICF-orientiertes Arbeiten kann die Kommunikation zwischen den Professionen und mit der unterstützungssuchenden Person erleichtert werden.
- Herausforderungen verlangen kreative Lösungen, wie zum Beispiel die Arbeit über Piktogramme oder die Verwendung der einfachen Sprache.
- Chancen liegen in einer effizienten Arbeitsweise, der Personenzentrierung, dem interdisziplinären Austausch sowie einer ganzheitlicheren Sichtweise auf und gemeinsam mit dem Menschen, um den es geht.

III Praxisbeispiele

Hinweise der AutorInnen zu den Praxisbeispielen:
Die praktische Anwendung der ICF ist auch ohne die Aufführung der Kodes gut möglich. Die Beschreibung und Zuordnung der Inhalte zu den entsprechenden Komponenten ist für die Anwendung des bio-psycho-sozialen Modells ausreichend.
In den dargestellten Fallbeispielen sind die Kodes aus didaktischen Gründen zusätzlich dargestellt, da so das Wissen um die Anwendungsmöglichkeiten der ICF vertieft und die Kodes sowie deren Bedeutung nachgeschlagen werden können.
Die AutorInnen vertreten die Ansicht, dass „so wenig wie möglich“ kodiert werden sollte. Zudem bleibt zu betonen, dass es viel mehr auf die personenzentrierte Haltung und die Philosophie der ICF in ihrer Anwendung ankommt.

Lutz: 17 Monate

Lutz (17 Monate) und seine Mutter hatten einen schwierigen gemeinsamen Start. Er hat ein Down-Syndrom (Trisomie 21), dies war vor der Geburt nicht bekannt. Bereits eine Woche nach seiner Geburt zeigten sich zudem epileptische Anfälle, die Diagnose einer Epilepsie wurde gestellt. Die Epilepsie war sehr aktiv mit tonischen Anfällen („Steifmachen") und Apnoen (Atemaussetzern). Er wurde deshalb insgesamt dreieinhalb Monate in zwei verschiedenen Krankenhäusern im ersten Lebensjahr betreut. Es erfolgte eine medikamentöse Einstellung zur Behandlung der epileptischen Anfälle. Darunter hat sich die Symptomatik der Epilepsie deutlich gebessert; jedoch ist er nicht anfallsfrei. Es liegen bereits diverse Berichte und Untersuchungsergebnisse vor. Der Kinderneurologe aus dem Sozialpädiatrischen Zentrum (SPZ) sagte der Mutter, dass die Epilepsie die Entwicklung zusätzlich beeinträchtige und eine deutliche psychomotorische Retardierung bestehe.

Die Mutter berichtet von den Anstrengungen, die sie bezüglich der Diagnostik in Bezug auf die Epilepsie erlebt hat. Der letzte Bericht habe ihr zudem einen Hinweis auf ein bei Lutz vermutetes Epilepsiesyndrom (Krankheitsbild, bei dem ein bestimmtes Muster von Anfällen und anderer Merkmale beobachtet werden kann) gegeben und sie habe sich Informationen aus dem Internet dazu gesucht. Das habe sie sehr stark belastet. Die Entwicklungsdiagnostik hatte eine deutliche Retardierung (Verzögerung) in allen Entwicklungsbereichen (Grobmotorik, Feinmotorik, Sprache und Kommunikation, Spiel) gezeigt. Die Kinderärztin hat zur Beantragung eines Schwerbehindertenausweises geraten sowie benannt, dass Lutz in die Pflegeversicherung aufgenommen werden könne. Eine Frühförderung gibt es für Lutz seit dem siebten Lebensmonat. Die Frühförderin wird von der Mutter sehr geschätzt; sie fühle sich gut verstanden und beraten. Mit Lutz könne sie sehr einfühlsam umgehen.

Insgesamt hat die Mutter das Gefühl, sehr für sich und die Interessen ihres Kindes kämpfen zu müssen. Ihr Wunsch ist es, bald einen Betreuungsplatz für Lutz in einer Kita zu finden, um auch selbst wieder arbeiten zu können. Das ist zusätzlich neben den knappen Krippenplatzangeboten schwierig, weil Lutz einen erhöhten Betreuungsbedarf hat und dieser nicht in jeder Kita gewährleistet werden kann. Auch die Frühförderin unterstützt die Mutter beim Suchen nach einem solchen Kindergartenplatz. Bislang hat sie keine Zusage einer Kita für die nächsten zwölf Monate bekommen; seitens der Stadt fühle sie sich nicht ausreichend unterstützt. Sie erzählt, dass der Vater und seine Familie nichts von Lutz' Krankheit und seinen gesundheitlichen Problemen wissen wollen. Am Wohnort hat die Mutter einen kleinen, aber verlässlichen Freundeskreis. Seitdem Lutz geboren ist, sieht die Mutter ihre Freundinnen und Freunde seltener als zuvor. Mit ihrer Freundin Eva telefoniert sie regelmäßig und ausführlich, mindestens einmal in der Woche. Ungefähr einmal pro Monat schafft es Sarah, eine weitere Freundin von Lutz' Mutter, ihn am Wochenende einen Tag lang zu betreuen. Die Großeltern wohnen nicht in der Nähe der Kleinfamilie. Mit den unmittelbaren Nachbarn gebe es keinen Kontakt.

Als großes Problem schildert sie, dass Lutz bei den Mahlzeiten lange und sehr aufwendig gefüttert werden muss, weil er sich oft verschluckt und auch den Mund nicht öffnet. Die Mahlzeiten können sich so über eine Stunde erstrecken. Momentan verbringt die Mutter ihre gesamte Zeit mit Lutz, eine Entlastung durch andere Betreuungspersonen ist nicht gegeben, es wird derzeit versucht, über die Frühen Hilfen einen Familienpaten zu installieren. Bei und mit der Mutter fühlt sich Lutz sehr wohl.

Lutz ist ein ruhiges Kind. Er gibt nur wenig Lautäußerungen von sich und kommuniziert eingeschränkt, auch wenn er Hunger oder Durst hat bzw. müde ist. Es ist deutlich, dass er seinen Sehsinn nicht bewusst einsetzt, um visuelle Reize wahrzunehmen; sein Imitieren und Nachahmen ist deutlich eingeschränkt. Lutz mag Geräusche und Zuhören. Er könne nicht aktiv mitspielen. Lutz benötigt spezielle Haltungsunterstützung, um z. B. den Kopf selbständig halten zu können. Bisher kann er weder selbständig sitzen noch sich fortbewegen. Drehen von Rückenlage in die Bauchlage gelingt, umgekehrt kann sich Lutz nicht drehen. Es ist eine deutliche muskuläre Hypotonie (reduzierte Muskelspannung) zu erkennen. Lutz bekommt Physiotherapie einmal die Woche in einer Praxis. Ein gemeinsamer erster Termin mit einem Orthopädiemechaniker zur Beratung für eine Hilfsmittelversorgung soll geplant werden. Die Physiotherapeutin könne sich gut in die Lage der Familie versetzen und sei aktuell eine große Stütze. Spielangebote in Form von mimischen und lautlichen Kommunikations- und Imitationsangeboten werden von ihm kaum aufgriffen. Er fixiert dabei nicht das Gesicht. Kaum Lautieren. Keine Einwortsätze. Die Mutter erklärt sich das damit, dass Lutz manchmal faul sei. Das Körpergewicht und die Körperlänge liegen weiterhin auf der 3. Perzentile (Prozentsatz der Werte einer Verteilung, der ≤ einem bestimmten Wert ist). Es besteht ein Mikrozephalus (kleiner Kopf mit einem Umfang unterhalb der

3. Perzentile). Die aktuellen augen- und HNO-ärztliche Untersuchungen zeigten keine Störungen der Seh- und Hörfunktion.

ICF-Strukturierung

Aus didaktischen Gründen sind die Inhalte aus dem Text komplett in die Übersicht genommen worden. Deshalb sind an dieser Stelle mehr als die von der WHO empfohlenen Kodes (Items) aufgeführt.

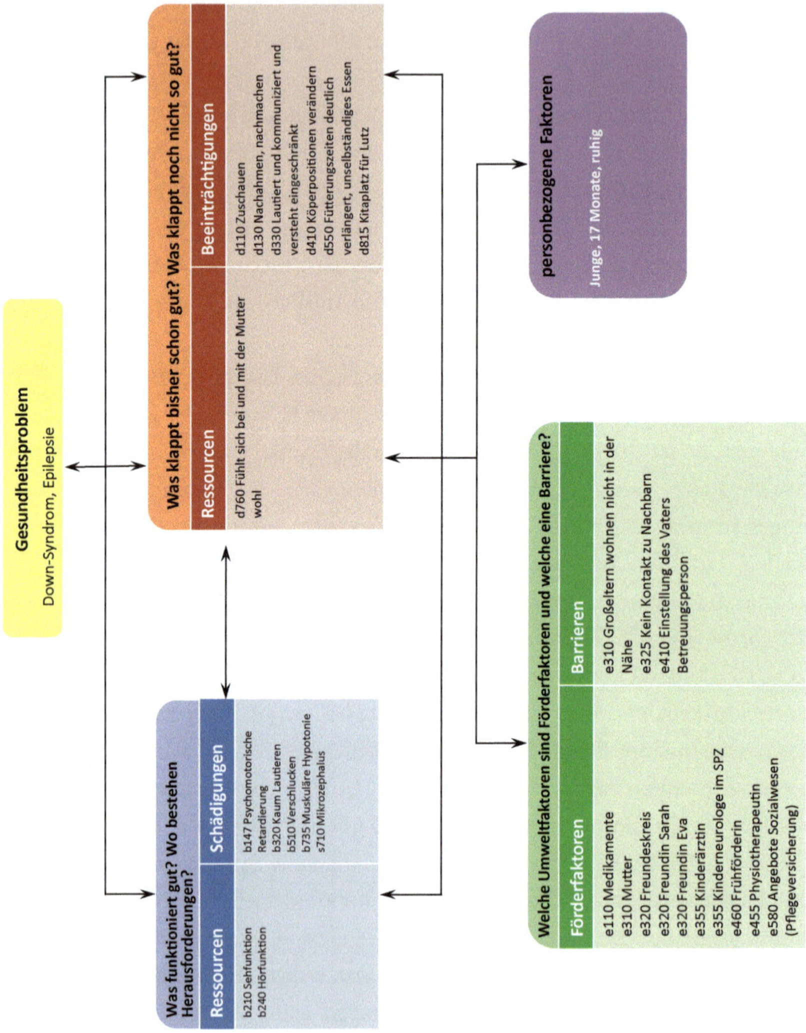

Lutz

Netzwerkkarte

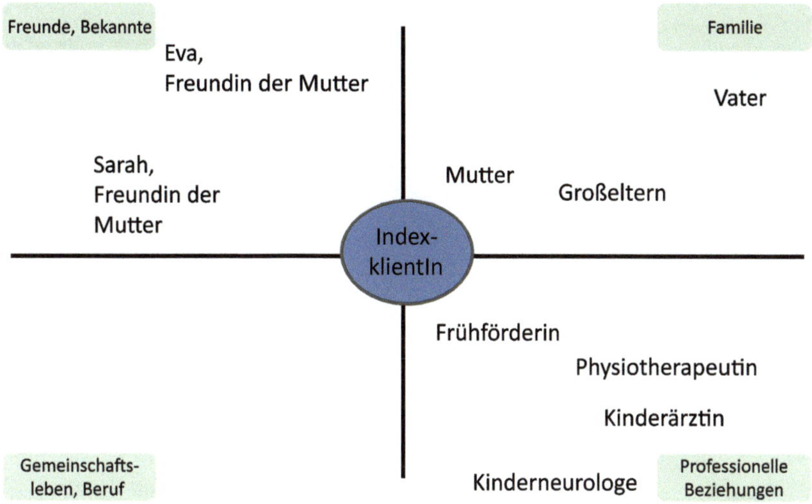

Personbezogene Betrachtung

Mutter

„Mein Kind ist und wird behindert."

„Ich möchte, dass Lutz einen Betreuungsplatz in der Krippe bekommt."

„Ich wünsche mir eine kompetente Beratung, um die Probleme von Lutz und unsere Lebenssituation einordnen zu können."

„Ich will wieder arbeiten gehen."

Interdisziplinäre Betrachtung

Frühförderin

„Lutz braucht eine Kita, die seinen Bedürfnissen gerecht wird. Die Entwicklung von Lutz kommt nur langsam voran."

„Die Mutter braucht weiter Beratung und Zuwendung."

„Es ist bestimmt gut für die Mutter, wenn sie wieder arbeiten gehen kann."

Kinderärztin

„Lutz hat ein Down-Syndrom und eine Encephalopathie. Die Epilepsie hat meist eine schlechte Prognose."

„Das Förder- und Therapiekonzept sollte Frühförderung und Physiotherapie beinhalten."

„Eine stationäre Rehabilitation (Mutter und Kind) täte der Familie bestimmt gut."

Wechselwirkungen zu „Unselbständiges Essen/Fütterungszeit deutlich verlängert" (d550)
An dieser Stelle sind *mögliche* Wechselwirkungen vorgestellt; weitere Wechselwirkungen könnten beschrieben werden. Aus didaktischen Gründen sind alle Inhalte, die an dieser Stelle nicht aufgeführt werden, aus der Übersicht entfernt worden. Wechselwirkungen sind Hypothesen, die im interdisziplinären Diskurs Berücksichtigung finden.

a) Wechselwirkungen mit Körperfunktionen:
   Das Füttern kann sich auf die Schluckfunktion (b510) auswirken.
   Die gestörte Schluckfunktion kann sich auf das Füttern auswirken.
   Das Füttern kann sich förderlich auf die Seh- und Hörfunktion (b210, b240) auswirken.
   Die unbeeinträchtigte Seh- und Hörfunktion kann sich förderlich auf das Füttern auswirken.

b) Wechselwirkungen mit dem Kontext:
   Das Füttern kann sich auf das ruhige Gemüt von Lutz auswirken.
   Die ruhige Gemüt von Lutz kann sich auf das Füttern auswirken.
   Das schwierige Füttersituation kann sich auf die Einstellung der Frühförderin (e460) auswirken.
   Die Einstellung der Frühförderin kann sich auf die Füttersituation auswirken.

c) Wechselwirkungen mit anderen Lebensbereichen:
   Das Füttern kann sich auf die Mobilität/die Körperposition von Lutz (d410) auswirken.
   Die Körperposition von Lutz kann sich auf das Füttern auswirken.
   Das Füttersituation kann sich auf das Zuhören von Lutz (d115) auswirken (er mag Geräusche).
   Das Zuhören kann sich positiv auf die Füttersituation auswirken.

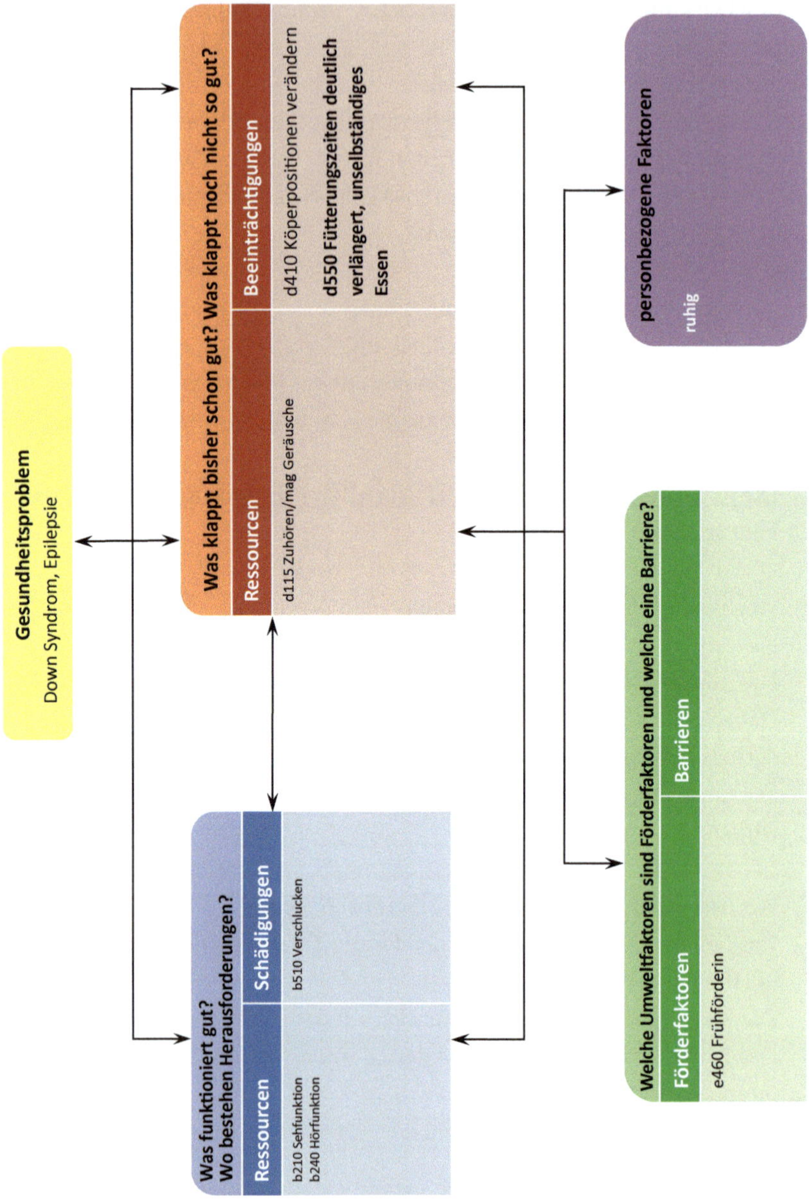

Wechselwirkungen: d550

Smarte Ziele

„In sechs Wochen erfolgt der erste gemeinsame (Physiotherapeutin, Orthopädiemechaniker) Beratungstermin mit der Mutter zum Hilfsmittelkonzept."
„In drei Monaten unterstützt eine Familienpatin der Frühen Hilfen die Familie."
„Lutz besucht in sechs Monaten eine wohnortnahe Inklusions-Kita."

Veränderungswunsch	„Ich wünsche mir eine kompetente Beratung. Mit welchen Hilfsmitteln kann Lutz mobiler werden?"	„Ich möchte, dass Lutz einen Betreuungsplatz in der Krippe bekommt."
ICF-Codierung (Beschreibung)	d415 Körperposition verändern	d815 Kitaplatz für Lutz
SMARTe Ziele	„In sechs Wochen erfolgt der erste gemeinsame (Physiotherapeutin, Orthopädiemechaniker) Beratungstermin mit der Mutter zum Hilfsmittelkonzept."	„Lutz besucht in sechs Monaten eine wohnortnahe Inklusions-Kita."
Maßnahmen	Die Physiotherapeutin nimmt mit dem Sanitätshaus zu möglichen Terminen Kontakt auf, schildert mit Zustimmung der Mutter die aktuelle Situation von Lutz und Familie. Die Physiotherapeutin vereinbart für die kommenden sechs Wochen einen Beratungstermin im Haus der Familie (Orthopädiemechaniker und Physiotherapeutin kommen nach Hause).	Die Frühförderin fragt in der kommenden Woche bei der Stadt nach freien Plätzen in Inklusions-Kitas. Gemeinsam mit der Frühförderin schaut sich die Mutter die Krippen im Umkreis von 5km in den nächsten vier Wochen an.

Anna: 5 Jahre

Die jetzt fünf Jahre alte Anna wurde im Sozialpädiatrischen Zentrum (SPZ) erstmalig im zweiten Lebensjahr vorgestellt. Bei Anna besteht eine linksseitige spastische Hemiparese (Cerebralparese) aufgrund einer Hirnblutung, die als eine Komplikation im Rahmen der Frühgeburt von Anna aufgetreten ist. Anna wurde als Frühgeborenes in der 28. Schwangerschaftswoche (28+5 SSW) entbunden. Sie wurde nach der Geburt auf der Intensivstation über zwei Wochen behandelt, dabei musste sie über fünf Tage eine Atemhilfe zur Stabilisierung der Herz-Kreislaufsituation bekommen. Nach weiteren fünf Wochen auf der Frühgeborenstation wurde Anna mit einem Gewicht von 2000 Gramm entlassen. Schon früh zeigte sich, dass Anna eine Tonus- und Bewegungsstörung (Cerebralparese) entwickelte. Bedingt durch ihre Cerebralparese hatte sie eine gestörte und verzögerte (senso-)motorische Entwicklung. Im Alter von 21 Monaten konnte das Mädchen frei laufen.

Anna besucht seit dem dritten Lebensjahr eine Inklusions-Kita; sie ist dort recht gut sozial integriert. Die Sprachentwicklung sowie kognitive Entwicklung zeigten seit dem Kleinkindalter Auffälligkeiten. Beispielsweise ist das Lernen verlangsamt, dies wird manchmal im gemeinsamen Spiel mit anderen Kindern deutlich und zum Problem im Kindergarten. Manchmal erwachsen daraus Streitsituationen zwischen den Kindern. Eine Lern- und Leistungsdiagnostik zeigte, dass Anna aktuell einen Gesamt-Intelligenzquotienten von 72 hat (sprachfreier Test: SON-R). Anna ist nicht sehr sprachgewandt, einige Laute kann sie nicht präzise bilden, die Satzlänge ist für ihr Alter verkürzt. Sie erfasst Zusammenhänge manchmal nicht und hat eine eingeschränkte Merkfähigkeit. Die therapeutische Unterstützung erfolgte in den ersten Lebensjahren durch eine physiotherapeutische Behandlung (Bobath, Vojta, Bewegungsbad) sowie durch eine sprunggelenkübergreifende dynamische Orthese (als Hilfsmittel). Im Alter von drei Jahren wurde zusätzlich zur Physiotherapie und der Hilfsmittelversorgung (dynamische Orthese, Nachtlagerungsschiene, Derotationsbandage) eine Behandlung des Spitzfußes und der spastischen Bewegungsstörung durch intramuskuläre Injektionen mit Botulinumtoxin begonnen. Hierdurch konnte eine deutliche Verbesserung der Gelenkfunktionen sowie des Gangbildes erreicht werden. Eine Frühfördermaßnahme hatte die Mutter zu dieser Zeit abgelehnt.

Anna stellte sich im Alter von fünf Jahren in der ergotherapeutischen Sprechstunde zur Forced-Use-Therapie (Intensive Behandlung der beeinträchtigten Extremität in einem ambulanten Setting) vor. Sie besucht weiterhin den wohnortnahen Integrationskindergarten. Die Mutter berichtet, dass Anna bei den Verrichtungen des täglichen Lebens durch Ihre Bewegungsstörung beim Anziehen, Spielen und der Körperhygiene deutlich eingeschränkt ist und über das altersentsprechende Maß in diesen Lebenssituationen Hilfe und Assistenz benötigt. Die Bezugspädagogin im Kindergarten erzählt, dass Anna Gesellschaftsspiele und Spielen mit anderen Kindern vermeidet, bei denen die Funktion beider Hände gefordert ist. Zudem berichtet sie, dass Anna beim Erwerb der schulrelevanten Fähigkeiten Schwierigkeiten hat, die nicht nur durch motorische Störungen zu erklären seien. Aus Ihrer Sicht ist eine zielgleiche Beschulung von Anna nicht ohne Hilfen möglich. Seitens der Bezugspädagogin und der Mutter wird deutlich, dass das Kind relevante Schwierigkeiten hat, die Aufmerksamkeit beim Spielen und Lernen zu halten. Sie sei zudem sehr unruhig und „hibbelig". Die aktuellen augen- und HNO-ärztliche Untersuchungen waren unauffällig.

Die Mutter wünscht die Eingliederung in die wohnortnahe Grundschule, trotz der ihr bekannten Schwierigkeiten. Annas Vater lebt getrennt von der Familie, die Mutter berichtet, wenn er da sei, überfordere er Anna häufig. Die Mutter erzählt, dass Anna oft impulsiv sei und dabei nicht selten frech. Für das Alter nicht entsprechendes impulsives Verhalten können auch die Fachkräfte aus der Kita gut nachvollziehen und benennen. Es besteht weiterhin eine spastische unilaterale Cerebralparese mit Einschränkungen der bewegungsbezogenen Funktionen. Die Ergotherapeutin führte mit Anna das Assisting Hand Assessment (Erhebungsinstrument, mit dem die Funktion und Aktivität der betroffenen oberen Extremität eingeschätzt wird) durch, um einen Ausgangsbefund zu erstellen. Bei der Diagnostik und im Verlauf der Therapie zeigte Anna großes Interesse und viel Freude bei der Durchführung der Aufgaben und Übungen.

ICF-Strukturierung

Aus didaktischen Gründen sind die Inhalte aus dem Text komplett in die Übersicht genommen worden. Deshalb sind an dieser Stelle mehr als die von der WHO empfohlenen Kodes (Items) aufgeführt.

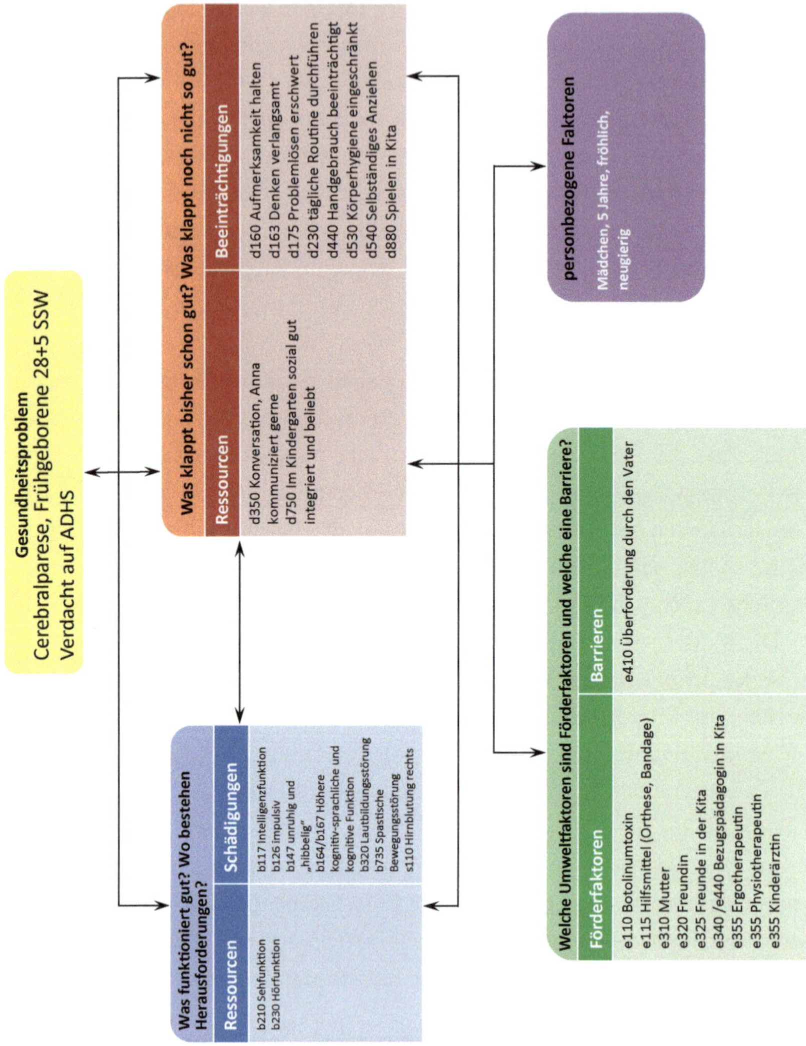
Gesundheitsproblem
Cerebralparese, Frühgeborene 28+5 SSW
Verdacht auf ADHS
Was klappt bisher schon gut? Was klappt noch nicht so gut?
Ressourcen
d350 Konversation, Anna
kommunizierte gerne
d750 Im Kindergarten sozial gut
integriert und beliebt
Beeinträchtigungen
d160 Aufmerksamkeit halten
d163 Denken verlangsamt
d175 Problemlösen erschwert
d230 tägliche Routine durchführen
d440 Handgebrauch beeinträchtigt
d530 Körperhygiene eingeschränkt
d540 Selbständiges Anziehen
d880 Spielen in Kita
Was funktioniert gut? Wo bestehen
Herausforderungen?
Ressourcen
b210 Sehfunktion
b230 Hörfunktion
Schädigungen
b117 Intelligenzfunktion
b126 impulsiv
b147 unruhig und
„hibbelig"
b164/b167 Höhere
kognitiv-sprachliche und
kognitive Funktion
b320 Lautbildungsstörung
b735 Spastische
Bewegungsstörung
s110 Hirnblutung rechts
personbezogene Faktoren
Mädchen, 5 Jahre, fröhlich,
neugierig
Welche Umweltfaktoren sind Förderfaktoren und welche eine Barriere?
Förderfaktoren
e110 Botolinumtoxin
e115 Hilfsmittel (Orthese, Bandage)
e310 Mutter
e320 Freundin
e325 Freunde in der Kita
e340 /e440 Bezugspädagogin in Kita
e355 Ergotherapeutin
e355 Physiotherapeutin
e355 Kinderärztin
Barrieren
e410 Überforderung durch den Vater

Anna

Netzwerkkarte

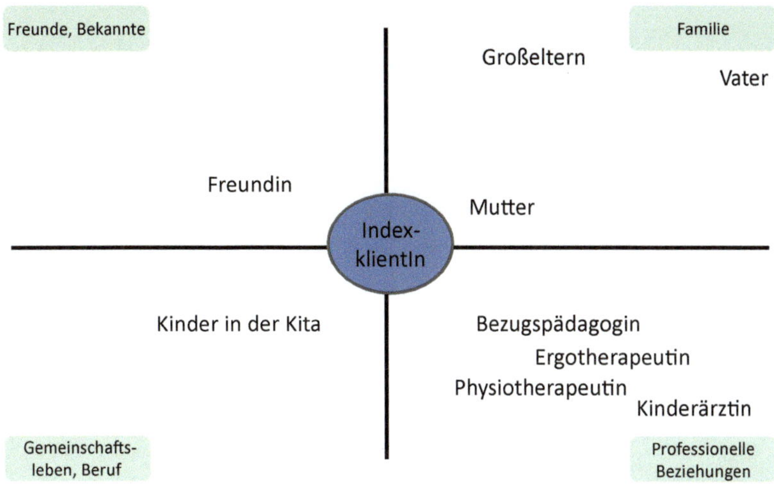

Personbezogene Betrachtung

Anna

„Ich will mit meiner Freundin spielen."

„Manche Spiele finde ich aber doof, weil ich nicht alles so gut kann wie andere Kinder."

„Ich möchte mit den Kindern aus meiner Gruppe in die Schule gehen."

Mutter

„Ich wünsche mir, dass Anna der Einstieg in die Schule gut gelingt und sie dort von den Kindern und Lehrern so gut aufgenommen wird wie in der Kita.

Anna soll selbständiger werden, damit sie nicht so stark von anderen abhängig ist.

Ich hoffe, dass Anna kein ADHS hat und Medikamente nehmen muss.

Ich will, dass Anna so normal wie andere Kinder aufwachsen kann."

Fachliche Betrachtung

Bezugspädagogin Kita

„Anna ist ein liebes Mädchen, das bei uns in der Kita erstaunlich gut zurecht kommt. Die anderen Kinder mögen sie gern. Ich glaube, dass Anna in der Schule große Schwierigkeiten beim Lernen haben wird, und hoffe, dass sie das nicht frustrieren wird.

Sie braucht individuelle Hilfen im schulischen Alltag, der Mutter tut positiver Zuspruch sehr gut."

Wechselwirkungen zu „Spielen in der Kita" (d880)

An dieser Stelle sind *mögliche* Wechselwirkungen vorgestellt; weitere Wechselwirkungen könnten beschrieben werden. Aus didaktischen Gründen sind alle Inhalte, die an dieser Stelle nicht aufgeführt werden, aus der Übersicht entfernt worden. Wechselwirkungen sind Hypothesen, die im interdisziplinären Diskurs Berücksichtigung finden.

a) Wechselwirkungen mit Körperfunktionen:
   Das Spielen in der Kita kann sich auf die kognitiven Funktionen (b164/b167) auswirken.
   Die Beeinträchtigung der kognitiven Funktionen kann sich auf das Spielen auswirken.
   Das Spielen in der Kita kann sich auf die psychomotorische Unruhe (b147) auswirken.
   Die psychomotorische Unruhe kann sich auf das Spielen in der Kita auswirken.

b) Wechselwirkungen mit dem Kontext:
   Das Spielen in der Kita kann sich auf die Neugierde von Anna auswirken.
   Die Neugierde von Anna kann sich auf das Spielen auswirken.
   Das Spielen in der Kita kann sich auf die (Einstellung der) Bezugspädagogin (e440) in der Kita auswirken.
   Die (Einstellung der) Bezugspädagogin (e440) in der Kita kann sich auf das Spielen auswirken.

c) Wechselwirkungen mit anderen Lebensbereichen:
   Das Spielen in der Kita kann sich auf das Halten der Aufmerksamkeit (d160) auswirken.
   Die Beeinträchtigung der Aufmerksamkeit (d160) kann sich auf das Spielen auswirken.
   Das Spielen in der Kita kann sich auf die soziale Integration und Beziehungen in der Kita (d750) auswirken.
   Die soziale Integration und die Beziehungen in der Kita können sich auf das Spielen auswirken.

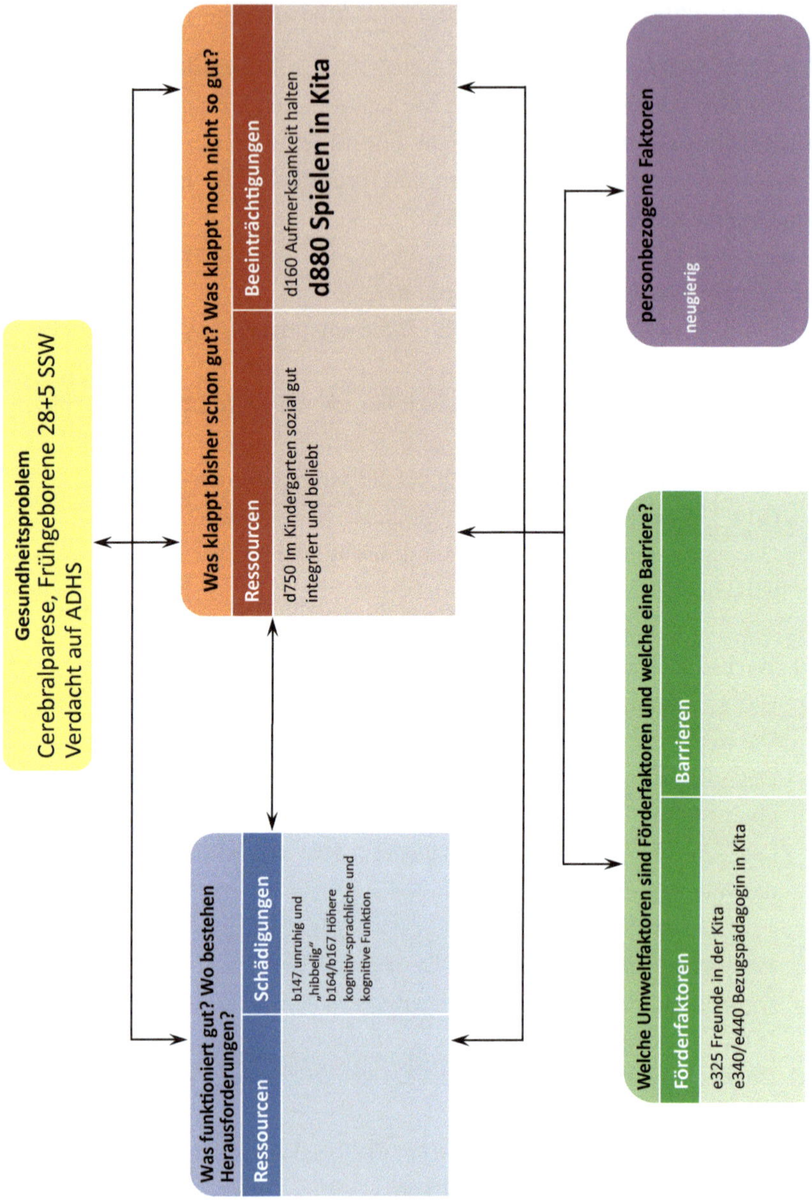

Wechselwirkungen: d880

Smarte Ziele

„Ich (Anna) spiele im Kindergarten nach den Ferien mit meiner Freundin Mensch-ärgere-dich-nicht."

„In zwölf Monaten besucht Anna die Grundschule am Ort."

„Zwei Wochen nach Einschulung beraten die Mutter (mit Anna), die Lehrerin und die Ergotherapeutin darüber, ob und welche Hilfen Anna in der Schule benötigt."

Veränderungswunsch	„Ich will mit meiner Freundin spielen."	„Ich möchte mit den Kindern aus meiner Gruppe in die Schule gehen."
ICF-Codierung (Beschreibung)	d880 Spielen mit anderen Kindern	d820 Schulbesuch
SMARTe Ziele	„Ich (Anna) spiele im Kindergarten nach den Ferien mit meiner Freundin Mensch-ärgere-dich-nicht."	„In zwölf Monaten besucht Anna die Grundschule am Ort." „Zwei Wochen nach Einschulung beraten die Mutter (mit Anna), die Lehrerin und die Ergotherapeutin darüber ob und welche Hilfen Anna in der Schule benötigt."
Maßnahmen	Vorstellung der „Forced-Use-Therapie" durch die Ergotherapeutin (jetzt) Planen einer stationären Reha für eine „Forced-Use-Therapie" für die Ferienzeit	Mutter nimmt mit der wohnortnahen Grundschule Kontakt auf und berät mit der Schulleitung zum Sonderpädagogischen Förderbedarf Ergotherapeutin koordiniert gemeinsam mit der Mutter den gemeinsamen Beratungstermin in der Schule (nach den Ferien)

Peter: 9 Jahre

Peter lebt mit seinen Eltern und seiner Schwester Petra (7 Jahre) in einem Reihenhaus am Stadtrand einer Kleinstadt. Er wurde als Frühgeborenes in der 32. Schwangerschaftswoche geboren (vorzeitige Wehen bei der Mutter). Nach der Geburt war er drei Wochen auf der Neugeborenenstation, bis er – bei gutem Trinkverhalten und einem Körpergewicht von 2000 Gramm – die Klinik verlassen konnte. Aus medizinischer Sicht verlief die Zeit in der Klinik ohne Komplikationen. Die Meilensteine der Entwicklung erreichte Peter innerhalb der üblichen Altersspannen. Er war ein „Schreikind" in den ersten sechs Lebensmonaten, das Durchschlafen war lange Zeit problematisch. Seit dem dritten Lebensjahr schläft er in seinem eigenen Bett im Kinderzimmer durch. Schon als kleiner Junge war er ein sehr lebhafter Junge, wegen kleinerer Unfälle musste er mehrfach kinderchirurgisch versorgt werden (Platzwunden am Kopf und Schürfwunden an den Extremitäten).

Im Kindergarten war die Eingliederung im vierten Lebensjahr unproblematisch. Seitens der Bezugspädagoginnen wurden die Eltern häufiger angesprochen, dass Peter im Umgang mit anderen Kindern oft sehr ruppig sei, wenngleich er ansonsten bei den Kindern sehr beliebt war. Das Lernverhalten wurde zu dieser Zeit als auffällig beschrieben, da sich Peter oft nur mit kurzer Ausdauer mit Spielen (alleine und in der Gruppe) beschäftigen wollte. Nach der Eingliederung in die erste Klasse wurden die Eltern wiederholt vom Lehrer angesprochen, dass sein Lern- und Sozialverhalten problematisch sei. Zum Ende des ersten Schuljahres wurde eine ergotherapeutische Behandlung aufgenommen, dabei erfolgte eine Miteinbeziehung der Kontexte Schule und Familie. Im zweiten Schuljahr war neben den Verhaltensstörungen auch das Erlernen der Schriftsprache für Peter erschwert. Es erfolgte eine Vorstellung und Diagnostik im Sozialpädiatrischen Zentrum (SPZ). Dort wurden die Diagnosen einer Aktivitäts- und Aufmerksamkeitsstörung („ADHS") sowie einer Lese- und Rechtschreibstörung (Legasthenie) gestellt. Im Rahmen dieser Vorstellung wurde deutlich, dass auch der Vater von Peter als Kind ähnliche Schwierigkeiten gehabt hatte. Da die Psychoedukation sowie die (weitergeführte) ergotherapeutische Behandlung nicht ausreichend wirksam waren, erfolgte eine ergänzende medikamentöse Behandlung mit Methylphenidat. Eine psychotherapeutische Behandlungsmöglichkeit stand nicht zur Verfügung. Mit diesem multimodalen Therapiekonzept und einer guten Zusammenarbeit zwischen Eltern, Lehrer und Ergotherapeutin konnten die Kernsymptome der ADHS deutlich gebessert werden. Die Schwierigkeiten mit der Teilleistungsstörung (Legasthenie) nahmen jedoch weiter zu, trotz aller pädagogischer Maßnahmen und Verständnis der Lehrkräfte sowie der Eltern.

Aktuell besucht Peter die 4. Klasse der Grundschule. Seit einem halben Jahr spielt er im Fußballverein; dort gab es in den letzten Wochen immer wieder Auseinandersetzungen im Training, sowohl mit dem Trainer als auch mit Mitspielern. Vor zwei Wochen wurde er wegen seines Verhaltens vom Training ausgeschlossen. Mit seiner Schwester Petra versteht sich Peter nicht gut; er findet sie „obernervig“, die beiden streiten oft. Für die Eltern ist der Dauerstreit der beiden eine Herausforderung. Manchmal unternehmen die Eltern getrennt mit den Kindern Aktivitäten am Wochenende. Der Vater (Dachdecker in Vollzeit) hat Verständnis für die Situation von Peter, seine Mutter – sie ist in Teilzeit tätig als Pflegekraft und häufiger als der Vater tagsüber zu Hause – kann das impulsive und für sie störende Verhalten manchmal nicht ertragen. Das führt auch zu Streit zwischen Mutter und Peter. Mit dem Opa mütterlicherseits hat Peter ein gutes Verhältnis; die beiden unternehmen einmal die Woche nachmittags zusammen unterschiedliche Dinge. Der Lehrer hat beim letzten Gespräch mit den Eltern vor ein paar Monaten darauf hingewiesen, dass sich Peter kaum noch am Unterricht beteiligt und dass er oft in sich gekehrt sei. Er wirke dann sehr traurig. Weiterhin gebe es relevante Störungen der Konzentration und Aufmerksamkeit im schulischen Alltag und zu Hause. Auch in der Schule sei er oft impulsiv; in allen Lebensbereichen könne er sein Verhalten schlecht steuern. Peter könne zunehmend schlechter mit Stress umgehen. Das Erledigen der Hausaufgaben sowie häuslicher Tätigkeiten (z. B. Zimmer aufräumen) klappe in den letzten Wochen nicht mehr gut. Mit der Mutter gebe es zu Hause fast jeden Tag Streit. Peter ziehe sich „frustriert“ in sein Zimmer zurück. Der Kontakt zu Freunden in der Freizeit hat deutlich abgenommen. Gegenseitige Besuche mit Freunden finden seit ein paar Wochen nicht mehr statt. Einige Freunde haben ihm gegenüber Vorurteile und möchten derzeit nicht mehr mit ihm spielen. Trotzdem gilt Peter immer noch als hilfsbereiter Junge.

Die aktuelle Verlaufsdiagnostik im SPZ zeigt, dass die Aktivitäts- und Aufmerksamkeitsstörung sowie die Lese- und Rechtschreibstörung weiterhin bestehen. Die Intelligenztestung zeigte ein überdurchschnittliches Ergebnis. Zudem wurde die Diagnose einer Depression gestellt. Nach kinderpsychiatrischer Einschätzung der Ärztin aus dem SPZ ist die depressive Störung eine Folge der Misserfolgserlebnisse in der Schule durch die Lese- und Recht-

(*Fortsetzung* S. 111)

ICF-Strukturierung

Aus didaktischen Gründen sind die Inhalte aus dem Text komplett in die Übersicht genommen worden. Deshalb sind an dieser Stelle mehr als die von der WHO empfohlenen Kodes (Items) aufgeführt.

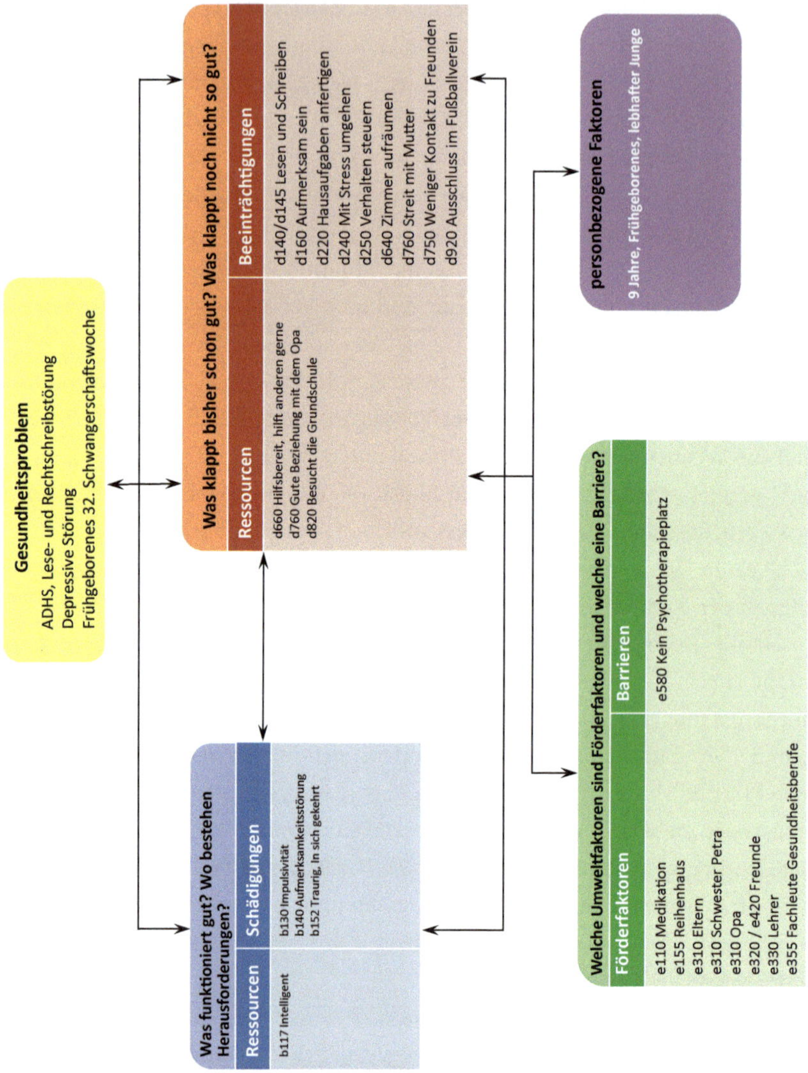

Peter

schreibstörung. Eine Einzelbehandlung bei einer Therapeutin für Teilleistungsstörungen wurde empfohlen, ein entsprechendes Schreiben zur Vorlage beim Jugendamt (nach § 35a SGB VIII) ausgestellt. Peter ist aktuell auf der Warteliste für eine psychotherapeutische Behandlung im SPZ. Die ergotherapeutische Unterstützung wurde vor drei Monaten beendet, da Peter nicht mehr zur Therapie gehen wollte.

Netzwerkkarte

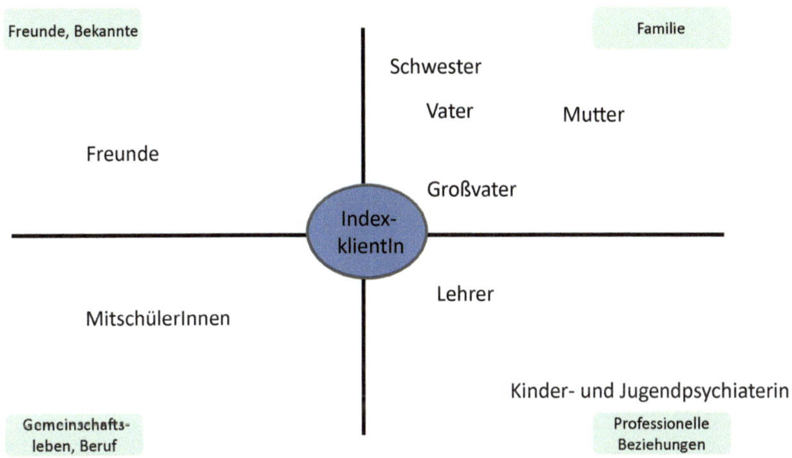

Personbezogene Betrachtung

Peter

„Mir geht es nicht gut. Lasst mich doch in Ruhe."

„Ich will wieder Spaß haben, bald meinen Geburtstag feiern."

„Ich will bald wieder Fußball spielen"

Mutter

„Peter geht es nicht gut."

„Es ist schlimm, dass wir uns so oft streiten."

„Ich wünsche mir, dass es ihm bald wieder besser geht und er wieder spielen und Spaß haben kann wie andere Kinder auch."

Fachliche Betrachtung

Kinder- und Jugendpsychiaterin

„Das ADHS von Peter und die Lese-Rechtschreibstörung belasten ihn weiter sehr. Mit der depressiven Störung geht es ihm aktuell noch schlechter. Ich wünsche mir, dass er bald einen Therapieplatz findet und möglichst viele schöne Erlebnisse und Erfolgserlebnisse in den kommenden Monaten hat."

Wechselwirkungen zu „Sein Verhalten steuern" (d250)

An dieser Stelle sind *mögliche* Wechselwirkungen vorgestellt; weitere Wechselwirkungen könnten beschrieben werden. Aus didaktischen Gründen sind alle Inhalte, die an dieser Stelle nicht aufgeführt werden, aus der Übersicht entfernt worden. Wechselwirkungen sind Hypothesen, die im interdisziplinären Diskurs Berücksichtigung finden.

a) Wechselwirkungen mit Körperfunktionen:
   Die Beeinträchtigung beim Steuern des eigenen Verhaltens kann sich auf die Impulsivität (b130) auswirken.
   Die Impulsivität kann sich auf das eigene Verhalten auswirken.
   Die Beeinträchtigung beim Steuern des eigenen Verhaltens kann sich auf die Intelligenzfunktion (b117) auswirken.
   Die Intelligenzfunktion kann sich auf das eigene Verhalten auswirken.

b) Wechselwirkungen mit dem Kontext:
   Die Beeinträchtigung beim Steuern des eigenen Verhaltens kann sich auf die Medikation (e110) auswirken.
   Die Medikation kann sich auf das eigene Verhalten auswirken.
   Die Beeinträchtigung beim Steuern des eigenen Verhaltens kann sich auf die Bereitstellung eines Psychotherapieplatzes (e580) auswirken.
   Die Bereitstellung eines Psychotherapieplatzes kann sich auf das eigene Verhalten auswirken.

c) Wechselwirkungen mit anderen Lebensbereichen:
   Die Beeinträchtigung beim Steuern des eigenen Verhaltens kann sich auf den Umgang mit Stress (d240) auswirken.
   Der Umgang mit Stress kann sich auf das eigene Verhalten auswirken.
   Die Beeinträchtigung beim Steuern des eigenen Verhaltens kann sich auf die Hilfsbereitschaft (d660) auswirken.
   Die Hilfsbereitschaft kann sich auf das eigene Verhalten auswirken.

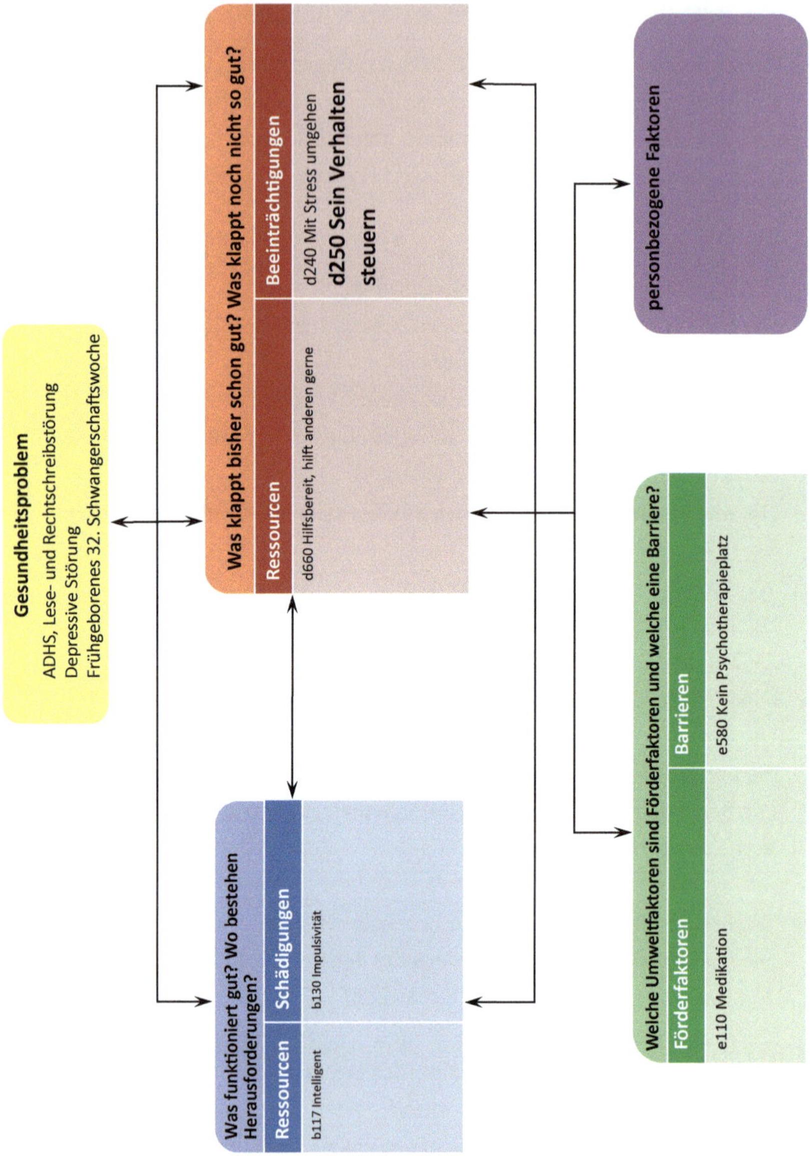

Wechselwirkungen: d250

Smarte Ziele

„Ich (Peter) gehe jede Woche einmal mit Opa etwas unternehmen (‚Opa-Tag‘).“

„Ich gehe in drei Monaten wieder wöchentlich zum Fußballtraining.“

„Ich feiere meinen Geburtstag gemeinsam mit meinen Freunden, die auch im letzten Jahr auf meinem Geburtstag waren (Bowling; das hat er sich gewünscht).“

Veränderungswunsch	„Ich will wieder Spaß haben.“	„Ich will wieder Spaß haben und meinen Geburtstag mit Freunden feiern.“
ICF-Codierung (Beschreibung)	d760 Gute Beziehung mit dem Opa d920 Erholung und Freizeit	d750 Kontakt zu Freunden/Peers d920 Erholung und Freizeit
SMARTe Ziele	„Ich gehe jede Woche einmal mit Opa etwas unternehmen (‚Opa-Tag‘).“	„Ich feiere meinen Geburtstag gemeinsam mit meinen Freunden, die auch im letzten Jahr auf meinem Geburtstag waren (Bowling; das hat er sich gewünscht).“
Maßnahmen	Zwei Tage vor dem „Opa-Tag“ ruft Peter Opa an und beide verabreden, was sie genau machen wollen. Opa erwartet den Anruf von Peter; er ruft Peter an, sollte er nicht anrufen. Opa hält sich den Tag für Peter im Kalender frei.	Die Mutter bucht eine Bowlingbahn zum Geburtstag. Gemeinsam mit der Mutter schreibt Peter die Einladungskarten. Er verteilt die Karten am Nachmittag (Mutter fährt ihn).

Stefan: 12 Jahre

Stefan ist ein zwölf Jahre alter Junge, der mit seinen Eltern und seinem Bruder Finn (15 Jahre) in einer Vierzimmerwohnung in einer Großstadt lebt. Die Familie hätte gerne mehr Wohnraum und einen Garten, aber dies war bislang nicht zu verwirklichen. Finn hat einen sehr liebevollen Umgang mit Stefan, wenngleich beide in der Freizeit nicht viel Zeit miteinander verbringen. In der Freizeit ist Stefan oft allein, Besuche von oder bei Freunden gibt es nicht.

Wegen einer Entwicklungsstörung, die bereits im ersten Lebensjahr deutlich wurde (verzögerte allgemeine Entwicklung, Regulationsstörungen), erfolgte schon früh eine umfassende Diagnostik bei der Kinderärztin und im Kinderzentrum. Im dritten Lebensjahr wurde dort die Diagnose eines frühkindlichen Autismus gestellt (Autismus Spektrum Störung). Die Familie beantragte Frühförderung und Stefan besuchte anschließend einen heilpädagogischen Kindergarten. Die Entwicklungsstörung blieb weiterhin deutlich, der Unterschied zur Entwicklung von Finn war den Eltern immer offensichtlich. Stefan entwickelte sich in allen Entwicklungsbereichen jedoch stetig fort, ohne Rückschritte oder Stagnation. Mit einer Schulbegleitung und intensiver Zusammenarbeit mit der Klassenlehrerin in der Grundschule konnte Stefan die wohnortnahe Grundschule als „Inklusionskind" besuchen. Da sonderpädagogisch eine zielgleiche Beschulung weiterhin empfohlen wurde und die aktuelle Lern- und Leistungsdiagnostik (Intelligenztestung bei der Psychologin) einen Gesamt-IQ von 115 zeigte (die vorherige Diagnostik drei Jahre zuvor hatte einen IQ mit einem anderen Verfahren von 112 ermittelt), erfolgte eine Eingliederung in die Integrierte Gesamtschule. Den Weg zur Schule kann Stefan mittlerweile alleine zu Fuß bewältigen, er geht sicher und alleine den Schulweg von 700 Metern. Dies hat er über viele Monate mit seinen Eltern „eintrainiert"; an der Schule trifft er dann Frau Schneider, seine Schulbegleiterin. Zuvor nahm er den angebotenen Schultransport für Kinder mit Behinderungen in Anspruch.

Aktuell besucht er die 7. Klasse. Beim Lernen in der Schule und zu Hause (Hausaufgaben) hat er Schwierigkeiten beim Lesen und Verstehen von Texten. Rechnen kann Stefan sehr gut; zudem kann er sich Details sehr gut merken. Er hat eine besondere Vorliebe für Modellfahrzeuge aus der Landwirtschaft, er kennt zu den Modellen alle technischen Details. Stefan nennt das Sammeln dieser Modelle sein Hobby; er hat mittlerweile über 200 Sammlerstücke.

Stefan fällt es zu Hause schwer, morgens „sein Programm“ alleine zu bewältigen. Nach dem Wecken gelingt es ihm nicht, alleine in angemessener Zeit ins Bad zu gehen, sich anzuziehen und danach zum Frühstück zu erscheinen. Beim Waschen und Anziehen braucht er sogar an einigen Tagen nicht nur eine Anleitung, sondern sogar Unterstützung, da der Zeitplan der Familie und in der Schule (Pause) sonst nicht einzuhalten wäre. Sofern Stress zu Hause oder in der Schule besteht oder entsteht, macht dies das Erledigen von Aufgaben schwieriger. Dann kann es passieren, dass „nichts mehr geht“ und er sogar in Unruhe und Panik gerät, wenn es nicht so läuft, wie es ihm vertraut ist oder wie er etwas erwartet. In der Schule und mit Fremden ist die verbale Kommunikation oft erschwert. Stefan versteht manche (insbesondere nonverbale) Botschaften nicht richtig; umgekehrt sind manche Menschen von seinen Aussagen irritiert. Sowohl in der Familie als auch in der Schule nutzt Stefan Bildtafeln für die Kommunikation. Soziale Zeichen werden eingeschränkt erkannt, körperlicher Kontakt nicht gewünscht bzw. abgelehnt. Die Kontaktaufnahme mit Mitschülerinnen und Mitschülern ist auch in der 7. Klasse weiterhin problematisch, wenngleich er die Kinder seit mehr als zwei Jahren kennt. Als seine Schulbegleiterin nach den Ferien zwei Wochen krank war, eskalierte die schulische Situation so, dass eine Beschulung (in der Klasse) nicht mehr möglich war. In dieser Zeit konnte der Arbeitgeber der Schulbegleitung keinen Ersatz für Stefan anbieten. Zu seiner Schulbegleitung hat er einen guten Kontakt; die beiden verstehen sich gut. Eine erneute Wiedervorstellung bei der Kinderpsychiaterin ist vorgesehen; die Eltern wollen diesen Termin mit Stefan und der Schulbegleiterin zusammen wahrnehmen.

Beim Ausführen von praktischen Dingen im Alltag und in der Schule (zum Beispiel im Kunstunterricht oder zu Hause in der Küche) wirkt er oft ungeschickt, der feinmotorische Handgebrauch ist dabei deutlich beeinträchtigt. Seit der Kleinkindzeit besteht eine Schlafstörung (Durchschlafstörung); meist schläft Stefan alleine wieder ein. In der Freizeit gab es in den letzten Wochen keine Aktivitäten und Treffen mit Gleichaltrigen. Personen aus dem Freundes- und Bekanntenkreis der Familie spielen für Stefan keine Rolle.

ICF-Strukturierung

Aus didaktischen Gründen sind die Inhalte aus dem Text komplett in die Übersicht genommen worden. Deshalb sind an dieser Stelle mehr als die von der WHO empfohlenen Kodes (Items) aufgeführt.

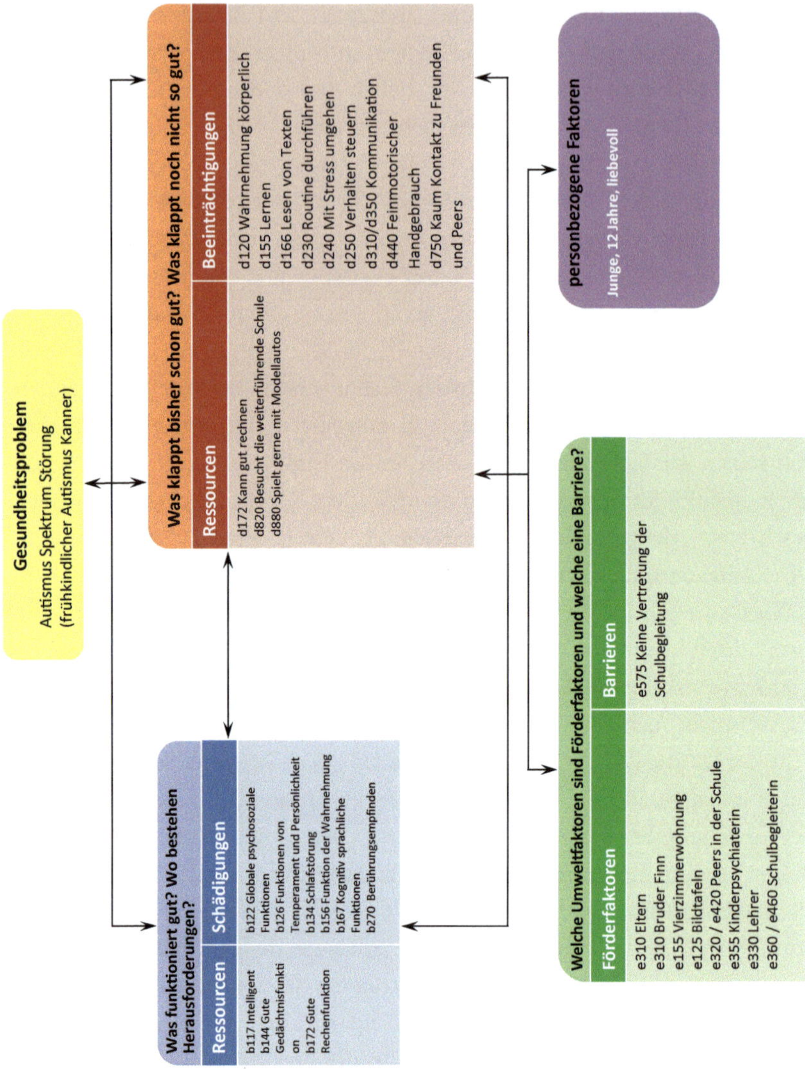

Gesundheitsproblem
Autismus Spektrum Störung
(frühkindlicher Autismus Kanner)
Was funktioniert gut? Wo bestehen Herausforderungen?
Ressourcen
b117 Intelligent
b144 Gute Gedächtnisfunktion
b172 Gute Rechenfunktion
Schädigungen
b122 Globale psychosoziale Funktionen
b126 Funktionen von Temperament und Persönlichkeit
b134 Schlafstörung
b156 Funktion der Wahrnehmung
b167 Kognitiv sprachliche Funktionen
b270 Berührungsempfinden
Was klappt bisher schon gut? Was klappt noch nicht so gut?
Ressourcen
d172 Kann gut rechnen
d820 Besucht die weiterführende Schule
d880 Spielt gerne mit Modellautos
Beeinträchtigungen
d120 Wahrnehmung körperlich
d155 Lernen
d166 Lesen von Texten
d230 Routine durchführen
d240 Mit Stress umgehen
d250 Verhalten steuern
d310/d350 Kommunikation
d440 Feinmotorischer Handgebrauch
d750 Kaum Kontakt zu Freunden und Peers
Welche Umweltfaktoren sind Förderfaktoren und welche eine Barriere?
Förderfaktoren
e310 Eltern
e310 Bruder Finn
e155 Vierzimmerwohnung
e125 Bildtafeln
e320 / e420 Peers in der Schule
e355 Kinderpsychiaterin
e330 Lehrer
e360 / e460 Schulbegleiterin
Barrieren
e575 Keine Vertretung der Schulbegleitung
personbezogene Faktoren
Junge, 12 Jahre, liebevoll

Stefan

Netzwerkkarte

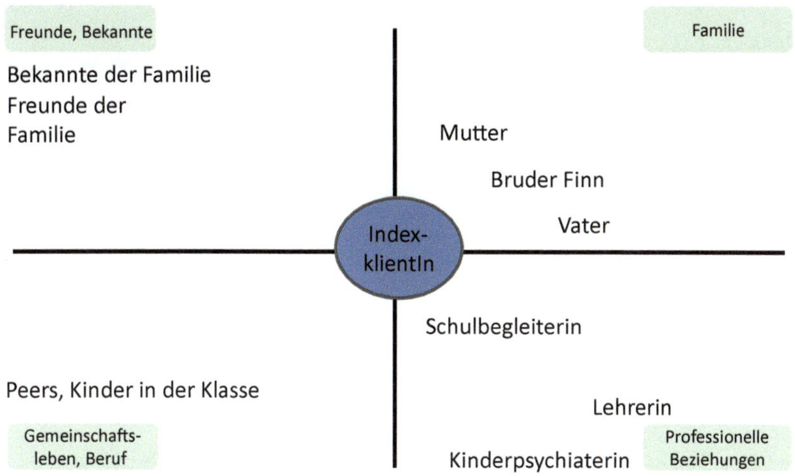

Personbezogene Betrachtung

Stefan

„Ich spiele gerne mit meinen Modellautos."

„Ich gehe gerne mit Frau Schneider in die Schule."

„Ich rechne gerne und ich kann gut rechnen".

Interdisziplinäre Betrachtung

Schulbegleitung

„Stefan hat schon vieles geschafft. Es ist toll, dass er alleine zur Schule kommt. Wenn ich nicht mit dabei bin, wird er schnell unsicher und ist gestresst. Das wird mit der Zeit bestimmt besser. Ich denke, dass er den Schulabschluss schaffen kann und vielleicht später etwas mit Computern oder Landwirtschaft machen kann."

Lehrerin

„Stefan ist ein intelligenter Junge, der sehr gut rechnen kann. Das Lesen und Verstehen von Texten bereitet ihm Schwierigkeiten. Da mache ich mir Sorgen. Wenn die Schulbegleiterin nicht dabei ist, wird die Schule für ihn zu einer Überforderung."

Wechselwirkungen zu „Beeinträchtigung der Kommunikation" (als Empfänger d310, Konversation d350)

An dieser Stelle sind *mögliche* Wechselwirkungen vorgestellt; weitere Wechselwirkungen könnten beschrieben werden. Aus didaktischen Gründen sind alle Inhalte, die an dieser Stelle nicht aufgeführt werden, aus der Übersicht entfernt worden. Wechselwirkungen sind Hypothesen, die im interdisziplinären Diskurs Berücksichtigung finden.

a) Wechselwirkungen mit Körperfunktionen:
   Die Beeinträchtigung der Kommunikation kann sich auf die Gedächtnisfunktion (b144) auswirken.
   Die Gedächtnisfunktion kann sich auf die Kommunikation auswirken.
   Die Beeinträchtigung der Kommunikation kann sich auf die Funktionen von Temperament und Persönlichkeit (b126) auswirken.
   Die Funktionen von Temperament und Persönlichkeit können sich auf die Kommunikation auswirken.

b) Wechselwirkungen mit dem Kontext:
   Die Beeinträchtigung der Kommunikation kann sich auf die (Einstellung der) Schulbegleiterin (e360/e460) auswirken.
   Die (Einstellung der) Schulbegleiterin kann sich auf die Kommunikation auswirken.
   Die Beeintrachtigung der Kommunikation kann sich die Hilfsmittel zur Kommunikation (Bildkarten: e125) auswirken.
   Die Bildkarten als Hilfsmittel konnen sich auf die Kommunikation auswirken.

c) Wechselwirkungen mit anderen Lebensbereichen:
   Die Beeinträchtigung der Kommunikation kann sich auf den Kontakt zu Freunden resp. Peers (d750) auswirken.
   Die eingeschränkten Kontakte zu Freunden und Peers können sich auf die Kommunikation auswirken.
   Die Beeintrachtigung der Kommunikation kann sich auf den Schulbesuch (d820) auswirken.
   Der Schulbesuch von Stefan kann sich auf die Kommunikation auswirken.

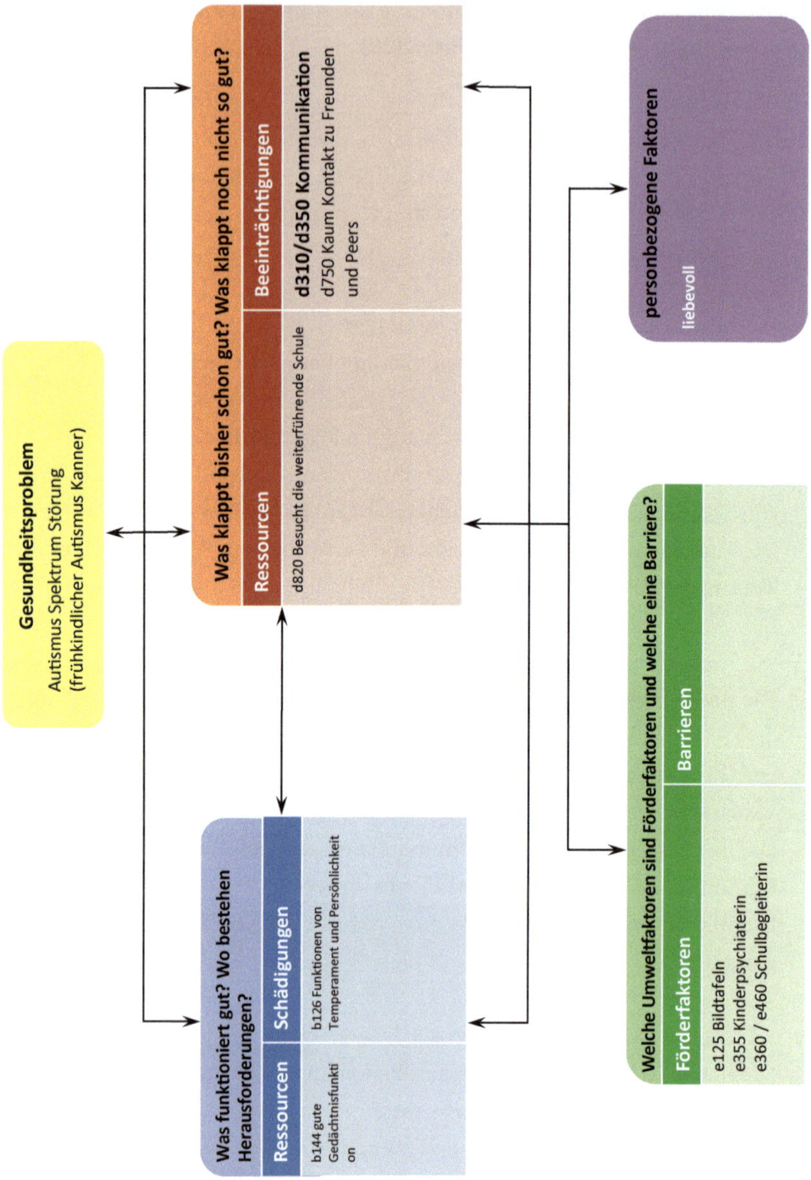

Wechselwirkungen: d310/d350

Smarte Ziele

„In sechs Monaten spreche ich jeden Tag mit mindestens einem Mitschüler oder einer Mitschülerin in der Schule."

„Ich besuche regelmäßig die Schule und erreiche das Klassenziel zum Ende des Schuljahres."

„Ich besuche die Modellautomesse im Herbst zusammen mit meinem Vater."

Veränderungswunsch	„Ich möchte mit den anderen Kindern in der Klasse sprechen."	„Ich gehe gerne in die Schule, das gelingt mir gut mit Frau Schneider. Ich rechne gerne in der Schule."
ICF-Codierung (Beschreibung)	d310/350 d750	d155 d820
SMARTe Ziele	„In sechs Monaten spreche ich jeden Tag mit mindestens einem Mitschüler oder einer Mitschülerin in der Schule."	„Ich besuche regelmäßig die Schule und erreiche das Klassenziel zum Ende des Schuljahres."
Maßnahmen	Eltern vereinbaren einen Wiedervorstellungstermin bei der Kinderpsychiaterin: Beratung über therapeutische Möglichkeiten zum Thema Kommunikation. Frau Schneider versucht, den Termin zu begleiten. Die Eltern überlegen gemeinsam mit den Fachleuten an einem Hilfekonzept zum Thema Kommunikation.	Stefan verlässt morgens pünktlich das Haus, damit er rechtzeitig in der Schule ist. Er trifft fünf Minuten vor Schulbeginn Frau Schneider in der Schule. Im Mathematikunterricht meldet sich Stefan jede Stunde. Frau Schneider organisiert einen „Runden Tisch" vor den Ferien.

Karmen: 14 Jahre

Karmen (14 Jahre) lebte mit ihrer Mutter zusammen, in einer Gegend, die als sozialer Brennpunkt galt. Ihr Vater war zu diesem Zeitpunkt schon tot. Ihre Mutter hatte einen neuen Partner, mit dem sie zwei weitere Kinder (1,5 Jahre und 3,5 Jahre) auf die Welt brachte. Der Stiefvater arbeitete im Vier-Schicht-System und interessierte sich mehr für seine leiblichen Kinder. Ihre Mutter bemühte sich zwar, die Gesamtsituation überforderte sie jedoch. Somit kam es, dass Karmen früh lernte, sich selbst zu versorgen. In Karmens Grundschule kam ans Tageslicht, dass sie von ihrem Onkel sexuelle Gewalt erfuhr. Daraufhin wurde sie vom Jugendamt in Obhut genommen und in einer Pflegefamilie untergebracht. Der Pflegevater dieser Familie verging sich wieder sexuell an ihr. Sie wurde auch aus dieser Familie herausgenommen und es folgte ein sechsmonatiger Psychiatrie-Aufenthalt. Zum aktuellen Zeitpunkt lebt sie seit einem Jahr in einer Einrichtung der Kinder- und Jugendhilfe für traumatisierte Schutzbefohlene.

Im Rahmen einer umfangreichen Diagnostik zeigte sich, dass bei Karmen eine Posttraumatische Belastungsstörung, Intelligenzminderung, Schlafstörungen, eine Entwicklungsstörung (Artikulationsstörung) sowie Adipositas vorlagen. Funktionen des Herzens, der Atmung sowie mit dem Stoffwechsel zusammenhängende Funktionen seien ohne Auffälligkeiten. Prägnant war weiterhin, dass ihre Augen eine stark veränderte Achsabweichung von der Normalstellung hatten (Schielen) und sie eine extrem undeutliche Sprache hatte. Der Grund für die veränderte Achsabweichung liegt in einer angeborenen Muskelanlagestörung im Auge. Aktuell trägt Karmen eine Brille.

In der Wohngruppe wurde zunächst sichergestellt, dass Karmen einen geschützten und anonymen Wohnraum bekam. Eine psychologische Betreuung und sozialpädagogische Förderung wurde installiert. Fortan wurde zudem eine schulische Versorgung auf einer Förderschule implementiert. Die Schule besitzt ein großes Tiergehege sowie Gärten auf dem erweiterten Teil des Schulhofs (Kaninchen, Pferde, Meerschweinchen, Kräuter-, Gemüsegarten, Schwimmbad). Die Schule wurde bewusst ausgewählt, da diese Angebote sich mit Karmens Interessen und Hobbys sehr gut überschneiden. Karmen liebt es, sich im Wasser zu bewegen, und ist eine sehr gute Schwimmerin. Weiterhin kocht sie sehr gern für die Menschen in ihrem Umfeld Essen. Generell machen ihr hauswirtschaftliche Tätigkeiten viel Spaß und sie zeigt in diesem

Bereich viel Motivation. Einzelaufgaben, die ihr gut erklärt wurden, meistert Karmen zuverlässig. Außerdem hat sie einen hervorragenden Orientierungssinn.

Beim Lernen und Wissenserwerb in Fächern wie Mathematik, Deutsch und Erdkunde zeigen sich deutliche Schwierigkeiten. In der Schule wurde Karmen aufgrund des Schielens sowie ihres Gewichts stark gehänselt. Dies führte bei Karmen dazu, dass sie ausgeprägt an ihrem Selbstwertgefühl zweifelte und ungern an sportlichen Aktivitäten und den anderen Angeboten der Schule teilnahm, obwohl sie durchaus Interesse für Sport hegt (Reiten, Schwimmen). Andere Kinder nutzten ihren Mangel an Selbstwertgefühl aus. Karmen ließ dies mit sich machen, aufgrund ihres Wunsches nach Anerkennung und Freundschaft. Ihre Klassenlehrerin mag Karmen gern und setzt sich stets für sie ein, wenn sie diese Vorkommnisse mitbekommt.

Karmen ist ein sehr ruhiges Kind. Zu ihrer Bezugsbetreuerin in der Wohngruppe hat sie ein vertrauensvolles und wertschätzendes Verhältnis und fühlt sich von ihr gut verstanden. Die Bezugsbetreuerin hält eine Wohngruppe für Kinder mit Essstörungen und therapeutischer Betreuung, die dem Bedarf von Karmen angepasst ist, für angemessen. Außerdem wünscht sie sich eine Augen-Korrektur-OP für Karmen. Ihr Unterstützungsbedarf kann aus ihrer Sicht in der Wohngruppe für traumatisierte Kinder nur bedingt befriedigt werden.

ICF-Strukturierung

Aus didaktischen Gründen sind die Inhalte aus dem Text komplett in die Übersicht genommen worden. Deshalb sind an dieser Stelle mehr als die von der WHO empfohlenen Kodes (Items) aufgeführt.

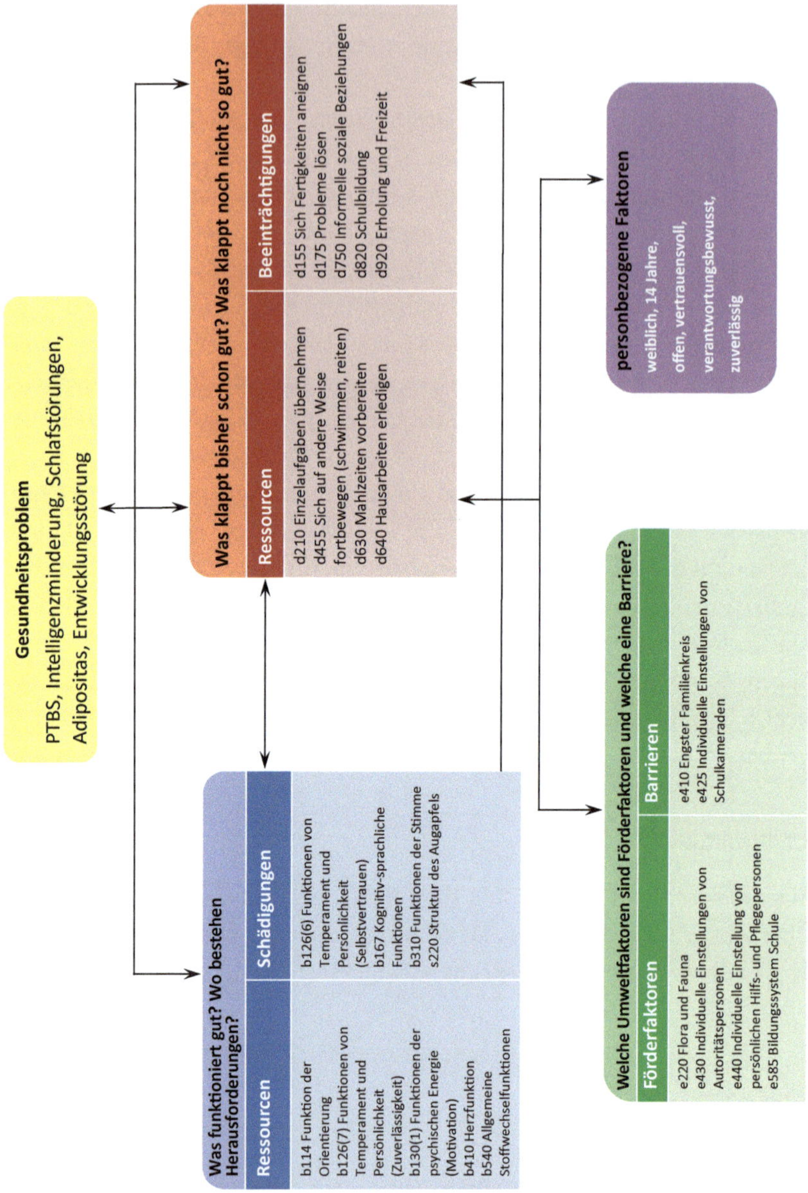
Gesundheitsproblem
PTBS, Intelligenzminderung, Schlafstörungen, Adipositas, Entwicklungsstörung
Was klappt bisher schon gut? Was klappt noch nicht so gut?
Ressourcen
d210 Einzelaufgaben übernehmen
d455 Sich auf andere Weise fortbewegen (schwimmen, reiten)
d630 Mahlzeiten vorbereiten
d640 Hausarbeiten erledigen
Beeinträchtigungen
d155 Sich Fertigkeiten aneignen
d175 Probleme lösen
d750 Informelle soziale Beziehungen
d820 Schulbildung
d920 Erholung und Freizeit
Was funktioniert gut? Wo bestehen Herausforderungen?
Ressourcen
b114 Funktion der Orientierung
b126(7) Funktionen von Temperament und Persönlichkeit (Zuverlässigkeit)
b130(1) Funktionen der psychischen Energie (Motivation)
b410 Herzfunktion
b540 Allgemeine Stoffwechselfunktionen
Schädigungen
b126(6) Funktionen von Temperament und Persönlichkeit (Selbstvertrauen)
b167 Kognitiv-sprachliche Funktionen
b310 Funktionen der Stimme
s220 Struktur des Augapfels
personbezogene Faktoren
weiblich, 14 Jahre,
offen, vertrauensvoll,
verantwortungsbewusst,
zuverlässig
Welche Umweltfaktoren sind Förderfaktoren und welche eine Barriere?
Förderfaktoren
e220 Flora und Fauna
e430 Individuelle Einstellungen von Autoritätspersonen
e440 Individuelle Einstellung von persönlichen Hilfs- und Pflegepersonen
e585 Bildungssystem Schule
Barrieren
e410 Engster Familienkreis
e425 Individuelle Einstellungen von Schulkameraden

Karmen

Netzwerkkarte

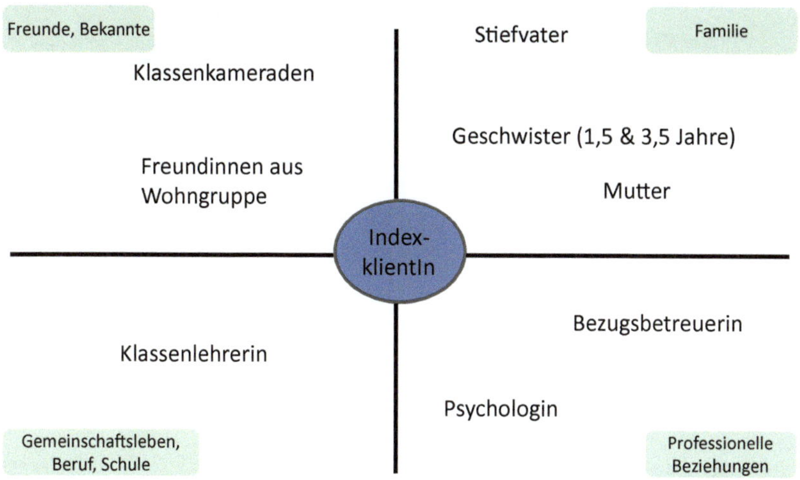

Personbezogene Betrachtung

Karmen

„Gern möchte ich wieder Reiten und Schwimmen gehen!"

„Ich wünsche mir, dass meine Klassenkameraden mehr mit mir unternehmen!"

„Ich kann nicht gut schlafen. Eigentlich schlafe ich aber so gerne!"

„Ich will in der Schule wieder besser werden!"

„Ich will mit meinen kleinen Geschwistern spielen."

„Ich möchte in den Zoo gehen!"

Interdisziplinäre Betrachtung

Betreuerin
aus Wohngruppe

„Karmen ist ein sehr ruhiges und liebes Kind. Sie fasst schnell Vertrauen zu Menschen."

„Sie ist in dieser Wohngruppe nicht richtig untergebracht. Sie benötigt eine therapeutische Betreuung, die auf ihren Unterstützungsbedarf ausgelegt ist."

„Es soll mit ihrem Arzt über eine Augenkorrektur-OP gesprochen werden."

Lehrerin

„Karmen ist eine sehr verantwortungsvolle Schülerin. Ich wünsche ihr mehr Erfolg in der Schule und mehr Selbstvertrauen. Es wäre schön, wenn sie mit ihren Mitschülerinnen und Mitschülern besser zurecht käme."

Wechselwirkungen zu „Schulbildung“ (d820)

An dieser Stelle sind *mögliche* Wechselwirkungen vorgestellt; weitere Wechselwirkungen könnten beschrieben werden. Aus didaktischen Gründen sind alle Inhalte, die an dieser Stelle nicht aufgeführt werden, aus der Übersicht entfernt worden. Wechselwirkungen sind Hypothesen, die im interdisziplinären Diskurs Berücksichtigung finden.

a) Wechselwirkungen mit Körperfunktionen:
Die Beeinträchtigung der kognitiv-sprachlichen Funktionen (b167) wirkt sich beeinträchtigend auf Karmens Schulbildung aus.
Ihre Schulbildung in Kombination mit ihrer Motivation wirkt sich positiv beeinflussend auf kognitiv sprachliche Funktionen aus.

b) Wechselwirkungen mit dem Kontext:
Individuelle Einstellungen (Mobbing) von Klassenkameraden (e425) wirken sich beeinträchtigend auf Karmens Schulbildung aus, da sie sich nur schwerlich traut aus sich herauszukommen.
Die Teilhabe im Bereich der Schulbildung wirkt sich beeinflussend auf das gesamte Bildungssystem Schule (e585) für Karmen aus.
Durch Eigenschaften wie Verantwortungsbewusstsein, Vertrauensvollsein, Zuverlässigkeit und Offenheit kann Karmen, wenn sie nicht negativ beeinflusst wird, gut in der Schule mitmachen und begeisterungsfähig sein.
Wenn es hingegen in der Schule nicht so gut läuft, wirkt sich dies auch auf Karmens Eigenschaften aus, häufig reagiert sie mit Bockigkeit und Zickigkeit auf den Unterricht, der ihr sonst Freude bereitet.

c) Wechselwirkungen mit anderen Lebensbereichen:
Der Lebensbereich der Schule steht ebenfalls in Wechselwirkung mit Lernen und Wissensanwendung (d1). Die Beeinträchtigung der Fertigkeiten, wie Probleme zu lösen (d175) oder sich Fertigkeiten (d155) anzueignen, wirkt sich auf den Bereich Schulbildung mit aus.
Vice versa fordert und fördert Schule genau diese Fertigkeiten.

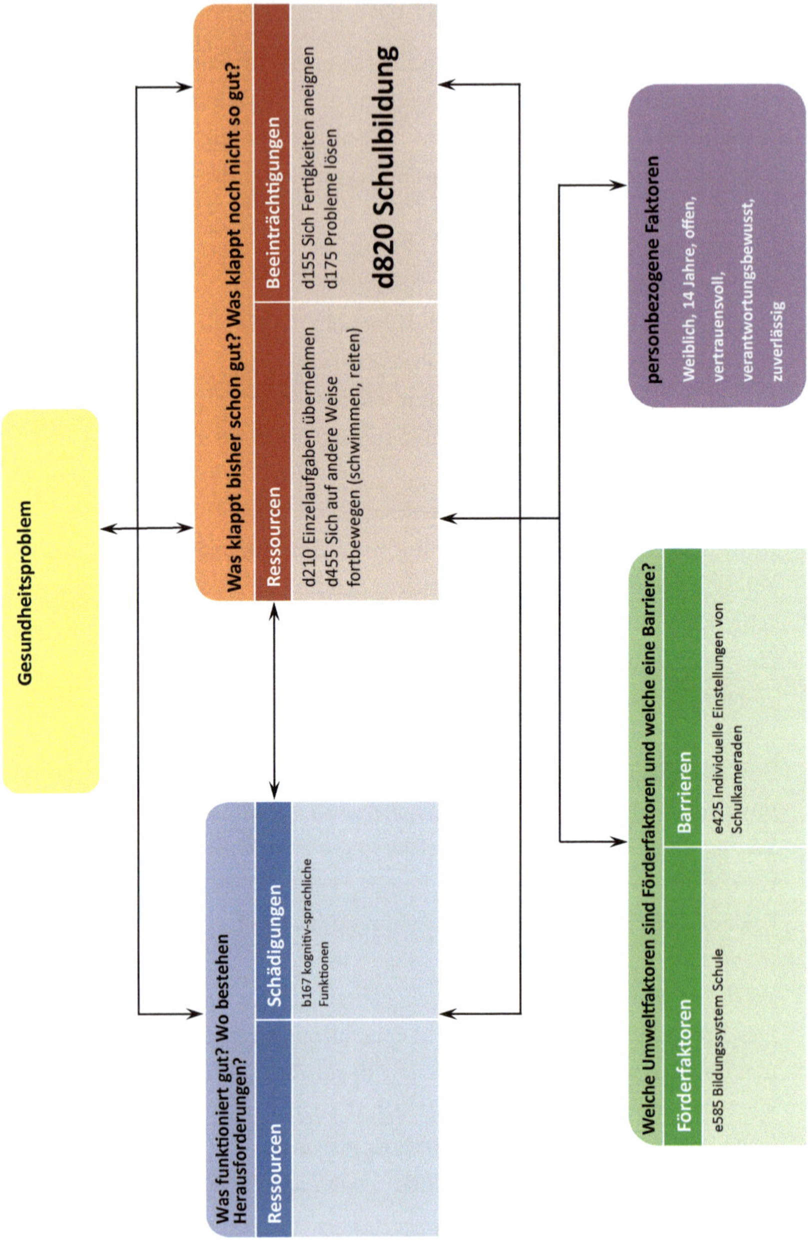

Wechselwirkungen: d820

Smarte Ziele

„Ich nehme wöchentlich am ‚Schwimmen'-Angebot der Schule teil."

„Mit meiner Betreuerin fahre ich alle zwei Wochen samstags reiten."

„Ich führe täglich ein Schlaftagebuch."

„Ich ziehe in den nächsten sechs Monaten in eine andere Wohngruppe."

Veränderungswunsch	„Gern möchte ich wieder Reiten und Schwimmen gehen!"	„Ich kann nicht gut schlafen. Eigentlich schlafe ich aber so gerne!"
ICF-Codierung (Beschreibung)	d455 Sich auf andere Weise fortbewegen (Schwimmen) d710 Elementare interpersonelle Aktivitäten (Kontakt Mitschüler*innen)	d240 mit Stress umgehen (Ruhe finden)
SMARTe Ziele	„Ich nehme wöchentlich am ‚Schwimmen'-Angebot der Schule teil."	„Ich führe täglich ein Schlaftagebuch."
Maßnahmen	Karmen packt am Tag vorher ihre Schwimmsachen für die Schule. Karmen wird von ihrer Betreuerin und Lehrerin gestärkt, an dem Schwimmangebot teilzunehmen. Mögliche unangenehme Situationen werden nachbesprochen.	Karmen kauft sich mit ihrer Betreuerin ein Notizbuch, in dem sie fortan einträgt, wie und wie lange sie geschlafen hat. Karmen bespricht besondere Ereignisse (wie Träume, Ängste) mit ihrer Betreuerin. Karmen überlegt sich ein Einschlafritual.

Frau Müller: 19 Jahre

Frau Müller ist 19 Jahre jung und befindet sich aktuell in einer, von der Agentur für Arbeit finanzierten, berufsvorbereitenden Bildungsmaßnahme. Sie hat einen erhöhten Förderungsbedarf aufgrund einer Lernstörung (Lese- und Rechtschreibstörung, Rechenstörung). Dies beeinträchtige stark ihr Selbstbewusstsein. Bevor sie die vorbereitende Maßnahme begann, besuchte sie eine Gesamtschule und absolvierte dort ihren Hauptschulabschluss. Nach ihrem Abschluss wusste sie nicht, in welche Richtung sie sich beruflich orientieren möchte, daher wurde ihr von der Schulsozialarbeiterin angeraten, zunächst herauszufinden, was sie gern macht und in welchen Gebieten ihre Stärken und Schwächen liegen. Zunächst machte sie Praktika in einer Tierhandlung und in einem Altenheim. Frau Müller probiert gern Neues aus und äußerte als besonderen Wunsch, mit Menschen oder Tieren zusammenzuarbeiten. Sie ist eine gute Beobachterin (Zuschauen und Zuhören) und kann sich auf visuellem und auditivem Wege gut Fertigkeiten aneignen.

Aktuell absolviert sie im Rahmen der berufsvorbereitenden Maßnahme ein Praktikum im Hotel, dies gefalle ihr durch den vielfältigen Menschenkontakt sehr gut. Die Arbeit im Hotel mache ihr sehr viel Spaß und sie könne sich vorstellen, eine Ausbildung in diesem Bereich zu absolvieren. Der Chef vom Hotel ist von ihr begeistert und beschreibt sie als höflichen, geduldigen, gewissenhaften und ausdauernden Menschen im Bereich des Kundenkontaktes sowie des Hotels im Allgemeinen. Mehrfachaufgaben und komplexere Tätigkeiten machen ihr sehr viel Spaß. Allerdings hat ihr Neurologe sie darauf hingewiesen, dass sie sich mittelfristig beruflich umorientieren sollte, da sie die körperlichen Anforderungen im Hotel langfristig nicht gut leisten könne. Zum aktuellen Zeitpunkt wurde bei Frau Müller eine spastische Spinalparalyse diagnostiziert, was sich bei ihr als eine vor einem Jahr begonnene und im Verlauf zunehmend deutliche spastische Gangstörung äußerte. Häufig stolpere sie auf unebenen Grund und habe immer wieder starke Schmerzen in ihrem Bewegungsapparat. Diese gesundheitliche Störung führte dazu, dass sie ihrem Hobby, dem Reiten, zunächst nicht mehr nachgehen kann und sich perspektivisch eine andere berufliche Herausforderung suchen muss, die ebenso ihren Wünschen entspricht.

Sie wohnt bei ihren Eltern, in ihrem Jugendzimmer. Dort fühlt sie sich nicht mehr wohl, sie würde gerne ein eigenständiges Leben führen und eine

Ausbildung machen. Ihre Eltern seien überfordert und haben wenig Zeit für sie, weshalb sie oft alleine ist. Ihr Vater ist die gesamte Woche auf Montage und ihre Mutter geht einem 40-Stunden-Job nach, weshalb sie nicht viel Zeit für ihre Tochter habe. Vor zwei Jahren zog ihr Bruder (21 Jahre) aus dem Haus der Eltern aus und meidet seitdem den Kontakt zu seinen Eltern und der Schwester. Dies findet Frau Müller sehr schade, da sie ihren Bruder sehr gern mag. Ihre Tante ist ein wichtiger Ankerpunkt für Frau Müller, sie unternehmen zwei- bis dreimal im Monat einen Freizeitausflug (Kino, Theater, Konzert etc.). Weitere soziale Kontakte außerhalb ihres Praktikums und der berufsvorbereitenden Maßnahme habe sie nicht. Im Rahmen der Maßnahme wird sie psycho-sozial von einem Psychologen begleitet, mit dem sie regelmäßig über ihr Wohlbefinden spricht. Er schlug unter anderem eine Berufsorientierung und eine Ausbildung in einem Berufsbildungswerk vor. In Einzelgesprächen bearbeitete Frau Müller ihre Trauer über ihre Diagnose und die Konsequenz, dass die Ausbildung zur Hotelfachfrau und die damit verbundenen Aufgaben ihrem Gesundheitszustand (Funktionen und Strukturen des Bewegungsapparates) nicht guttun würde. In den Gesprächen kristallisierte sich heraus, dass sie sich ebenso eine Ausbildung als Friseurin vorstellen könne. Durch ihren Wunsch, mit Menschen in Kontakt zu treten und sich zu öffnen, möchte sie nun zunächst ein Praktikum in einem Friseursalon machen, um zu sehen, ob dies eine passende Alternative für sie wäre.

Weiterhin schlug ihr behandelnder Arzt vor, eine Spezialambulanz für Neurologie zur umfassenderen (molekulargenetischen) Diagnostik und Ursachenforschung der spastischen Spinalparalyse zu besuchen.

ICF-Strukturierung

Aus didaktischen Gründen sind die Inhalte aus dem Text komplett in die Übersicht genommen worden. Deshalb sind an dieser Stelle mehr als die von der WHO empfohlenen Kodes (Items) aufgeführt.

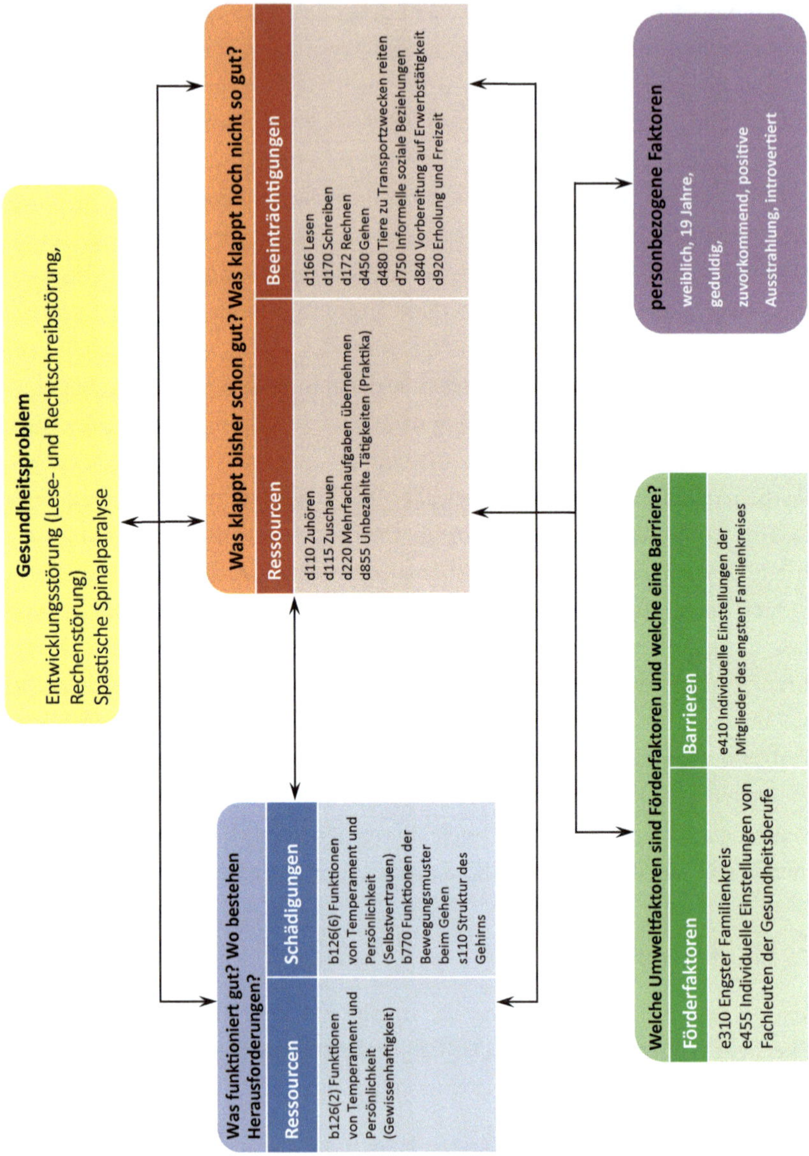
Gesundheitsproblem
Entwicklungsstörung (Lese- und Rechtschreibstörung, Rechenstörung)
Spastische Spinalparalyse
Was klappt bisher schon gut? Was klappt noch nicht so gut?
Ressourcen
d110 Zuhören
d115 Zuschauen
d220 Mehrfachaufgaben übernehmen
d855 Unbezahlte Tätigkeiten (Praktika)
Beeinträchtigungen
d166 Lesen
d170 Schreiben
d172 Rechnen
d450 Gehen
d480 Tiere zu Transportzwecken reiten
d750 Informelle soziale Beziehungen
d840 Vorbereitung auf Erwerbstätigkeit
d920 Erholung und Freizeit
Was funktioniert gut? Wo bestehen Herausforderungen?
Ressourcen
b126(2) Funktionen von Temperament und Persönlichkeit (Gewissenhaftigkeit)
Schädigungen
b126(6) Funktionen von Temperament und Persönlichkeit (Selbstvertrauen)
b770 Funktionen der Bewegungsmuster beim Gehen
s110 Struktur des Gehirns
Welche Umweltfaktoren sind Förderfaktoren und welche eine Barriere?
Förderfaktoren
e310 Engster Familienkreis
e455 Individuelle Einstellungen von Fachleuten der Gesundheitsberufe
Barrieren
e410 Individuelle Einstellungen der Mitglieder des engsten Familienkreises
personbezogene Faktoren
weiblich, 19 Jahre,
geduldig,
zuvorkommend, positive
Ausstrahlung, introvertiert

Frau Müller

Netzwerkkarte

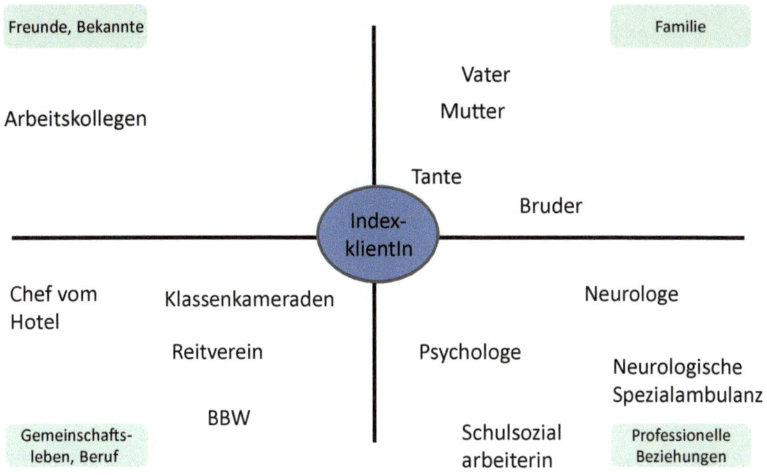

Personbezogene Betrachtung

Frau Müller

„Dass ich aufgrund meiner Krankheit meinen Berufswunsch nicht mehr nachgehen kann, finde ich unfair."

„Der Kontakt mit Menschen macht mir besonderen Spaß bei der Arbeit."

„Gern hätte ich ein größeres soziales Netzwerk und würde gern mehr an kulturellen Veranstaltungen teilnehmen."

„Mir macht es sehr viel Spaß, meine Haare zu stylen."

„Ich will meine eigene Wohnung."

Interdisziplinäre Betrachtung

Hausarzt

„Durch die stetige Fortschreitung ihrer Erkrankung, würde ich empfehlen eine neurologische Spezialambulanz zu besuchen. So kann auf speziellerem Wege nach Ursachen und neuen Lösungen gesucht werden."

„Jacqueline sollte bei der Wahl ihrer Ausbildung rücksichtsvoll ihre Erkrankung miteinbeziehen."

Psychologe

„Frau Müller hat die Diagnose zu verarbeiten und die damit zusammenhängenden Konsequenzen für ihr persönliches und berufliches Leben. Es wäre gut, wenn sie sich zum Beispiel für ein Berufsbildungswerk entscheiden könnte."

Wechselwirkungen zu „Vorbereitung auf Erwerbstätigkeit“ (d840)

An dieser Stelle sind *mögliche* Wechselwirkungen vorgestellt; weitere Wechselwirkungen könnten beschrieben werden. Aus didaktischen Gründen sind alle Inhalte, die an dieser Stelle nicht aufgeführt werden, aus der Übersicht entfernt worden. Wechselwirkungen sind Hypothesen, die im interdisziplinären Diskurs Berücksichtigung finden.

a) Wechselwirkungen mit Körperfunktionen:
   Durch eine positive und gelingende Vorbereitung auf die Erwerbstätigkeit werden Aspekte des Selbstvertrauens (b1266) eingehend gestärkt.
   Aspekte des Selbstvertrauens stärken die Vorbereitung der Erwerbstätigkeit.

b) Wechselwirkungen mit dem Kontext:
   Die individuellen Einstellungen von Fachleuten der Gesundheitsberufe (e455) wirken sich positiv und unterstützend auf die Vorbereitung der Erwerbstätigkeit aus.
   Die Vorbereitung auf die Erwerbstätigkeit wirkt sich auf die individuelle Einstellung von Fachleuten aus.
   Personbezogene Faktoren wie die Introvertiertheit wirken sich beeinträchtigend auf die Vorbereitung zur Erwerbstätigkeit aus.
   Die Vorbereitung auf die Erwerbstätigkeit kann sich positiv auf den Faktor der Introvertiertheit auswirken, indem Frau Müller lernt, ihre Bedürfnisse und ihre Meinung zu kommunizieren.

c) Wechselwirkungen mit anderen Lebensbereichen:
   Die Vorbereitung auf die Erwerbstätigkeit steht mit allgemeinen Aufgaben und Anforderungen (d2) in einer engen Wechselwirkung, da grundlegende Fertig- und Fähigkeiten vertieft werden.
   Die Beeinträchtigungen (Lesen d166, Schreiben d170) stehen in einer negativen Wechselwirkung zur Vorbereitung auf die Erwerbstätigkeit.

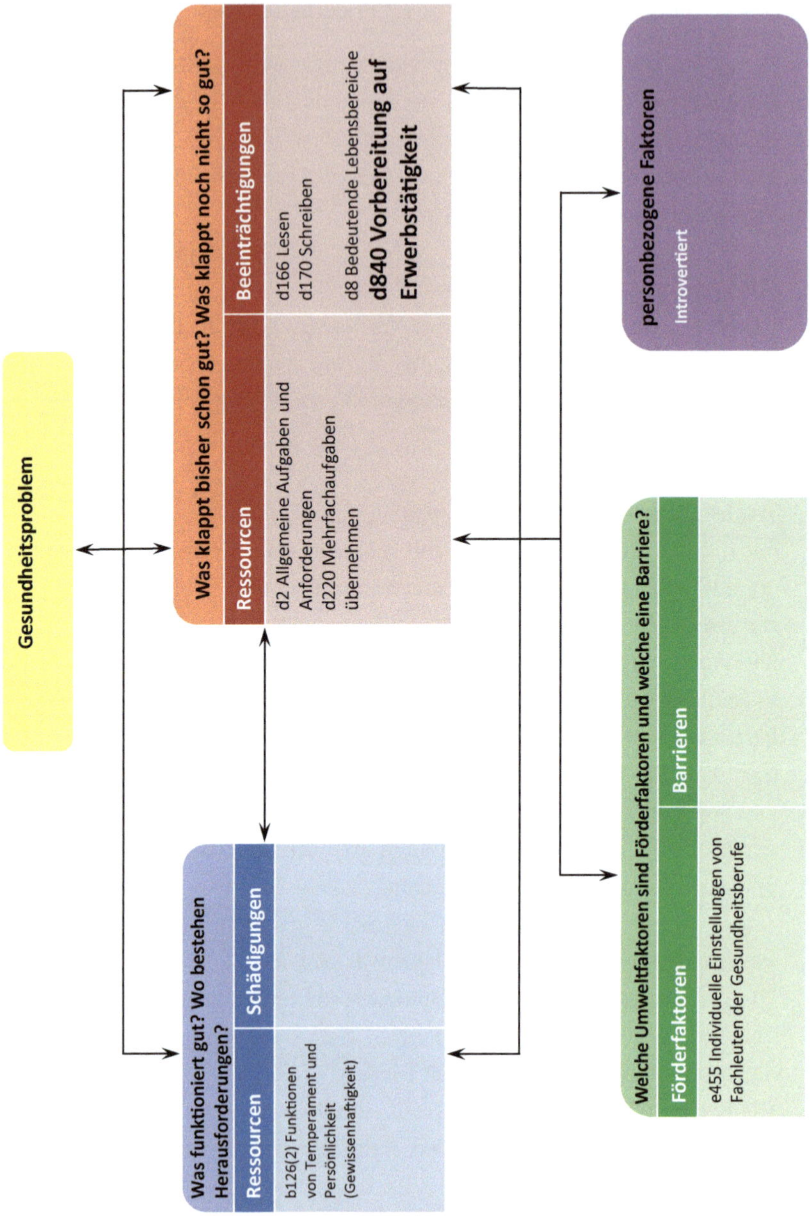

Wechselwirkungen: d840

Smarte Ziele

„In sechs Monaten wohne ich in einer eigenen Wohnung."

„In den nächsten zwei Wochen informiere ich mich eingehend über die Ausbildung zu einer Friseurin."

„In den nächsten vier Wochen schreibe ich drei Bewerbungen für einen Praktikumsplatz als Friseurin."

Veränderungswunsch	„Ich will meine eigene Wohnung."	„Mir macht es sehr viel Spaß, meine Haare zu stylen."
ICF-Codierung (Beschreibung)	d220 Mehrfachaufgaben übernehmen (Umzug planen und durchführen) d610 Wohnraum beschaffen	d840 Vorbereitung auf Erwerbstätigkeit (Berufsperspektive erarbeiten)
SMARTe Ziele	„In sechs Monaten wohne ich in einer eigenen Wohnung."	„In den nächsten zwei Wochen informiere ich mich eingehend über die Ausbildung zu einer Friseurin."
Maßnahmen	Frau Müller durchsucht dreimal wöchentlich die Wohnungsanzeigen mit ihrer Tante und besichtigt diese bei Bedarf. Wenn sie die Zusage für eine Wohnung hat, packt sie ihre Umzugskisten. Den Umzug und die HelferInnen organisiert Frau Müller selbstständig, ihre Tante unterstützt sie bei Bedarf.	Frau Müller bestellt sich Informationsbroschüren zum Beruf Friseurin. Sie fragt bei einem Friseurbetrieb nach, ob sie tageweise als Aushilfe mitarbeiten darf und kleinere Aufgaben übernehmen kann, um einen Einblick in den Beruf zu bekommen. Als Unterstützung gibt es wöchentliche Termine mit ihrer Sozialarbeiterin.

Herr Grube: 25 Jahre

Herr Grube ist 25 Jahre alt. Aktuell studiert er im Master Erziehungswissenschaften und finanziert sein Studium mit einem Nebenjob als Barkeeper. Seinem Studium kommt er seit einem Semester nicht mehr nach. Ein einschneidendes Erlebnis war der Tod seines Vaters vor einem Jahr. Zu ihm hatte er eine sehr enge Beziehung. Sein Vater war gelernter Tischler. Schon als kleines Kind verbrachte er viel Zeit mit ihm in seiner Werkstatt. Das Arbeiten an Holz zählte bis zum Tod seines Vaters zu seinen Lieblingsbeschäftigungen. Zu der Mutter besteht kaum Kontakt, obwohl sie in der Nachbarschaft lebt.

Herr Grube konsumiert, seitdem er 14 Jahre alt ist, regelmäßig Marihuana und Alkohol. Seit einem halben Jahr hat sich sein Konsum stark erhöht. Herr Grube hat einen großen Freundes- und Bekanntenkreis, von dem er sich sukzessive in seinem Privatleben isoliert. Seine Freunde beschreiben ihn als guten Zuhörer, der einem stets mit Humor, einem Lösungsansatz und Empathie begegne. Aktuell sagt er, er schaffe es nicht mehr sich aufzuraffen, um etwas mit seinen Freunden zu unternehmen. Lieber bliebe er zu Hause, schaue Serien, rauche Joints und trinke sein „Bierchen“. Er sagt, er könne zurzeit nicht mehr ohne Alkohol und Marihuana leben. Täglich konsumiere er Alkohol und Marihuana, wodurch auch seine wirtschaftliche Situation stark leidet. Bevor sich sein Leben in die beschriebene Richtung entwickelte, nahm er aktiv an Diskussionsrunden teil und engagierte sich politisch. Durch seine hohe Auffassungsgabe, seinen Humor und Charme war er ein sehr beliebter Diskussionspartner für viele Menschen. Zu seinen Bachelorzeiten nahm er wöchentlich an einem Diskussionsstammtisch teil. Zudem war es ihm stets möglich, sich schnell und effizient neue Fertigkeiten anzueignen. Seine hohe Begeisterungsfähigkeit verhalf ihm dazu, vielfältige Interessen auszubauen (Tischlern, Fahrradfahren, Fremdsprachen-Lernen).

Seit dem Kindesalter ist bekannt, dass Herr Grube von Geburt an nur eine Niere hat, dies schränkt ihn im Alltag jedoch nicht ein. Sein aktueller Gesundheitszustand ist ebenso dadurch charakterisiert, dass er eine verstärkte innere Unruhe spürt, wenn er sich an öffentlichen Plätzen befindet. Laut eigener Aussage meide er diese seit ungefähr vier Monaten. Sein Herz finge an, schneller zu schlagen, seine Brust fühlt sich an wie zugeschnürt und seine Gedanken rasen rastlos hin und her, berichtet er. Aus diesem Umstand heraus kam es dazu, dass er Plätze wie Einkaufszentren, öffentliche Verkehrsmittel und die Universität meidet und seine Freizeit meist zu Hause verbringt. Früher ist Herr Grube sehr gern Fahrrad gefahren, dies „gebe ihm aber nichts mehr“, nach eigener Aussage.

Kaum schaffe er es, einkaufen zu gehen und Routinetätigkeiten im Haushalt zu erledigen. Die einzige Verpflichtung, der Herr Grube zuverlässig nachkommt, ist sein Nebenjob als Barkeeper. Sein Chef ist sein Onkel, der Bruder seines verstorbenen Vaters. Dort ist er unter Menschen, seine Freunde kommen ihn besuchen und er verdiene so auf gutem Wege sein Geld. Außerdem kenne er alle Menschen, die Gäste in der Lokalität seien das, was es für ihn vertraut mache. In den letzten drei Wochen gab es vier extreme Alkohol-Exzesse, wobei er während seiner Schicht stark Alkohol konsumierte. Bei den ersten drei Malen kümmerten sich seine Freunde um ihn und schlossen den Laden ab. Beim vierten Mal war sein Onkel zugegen und rief sofort den Krankenwagen, da Herr Grube wie im Delirium in einer Ecke lag und sich nicht mehr bewegen konnte. Im Krankenhaus zeigte sich, dass er eine starke und lebensbedrohliche Alkoholvergiftung hatte und präkomatös war. Die Ärztin erachtete es für angemessen, dass Herr Grube sich nach seiner Entlassung in regelmäßige hausärztliche Behandlung begibt, um seinen Gesundheitszustand überwachen zu lassen. Die Mitarbeiterin im Sozialdienst des Krankenhauses regte den Besuch einer sozialpädagogischen Beratungsstelle an. Herr Grube ist seit seinem letzten Krankenhausbesuch den Vorschlägen der Ärztin gegenüber offen eingestimmt, er ist sich der Problematik bewusst und möchte gern etwas ändern, um wieder „er selbst“ zu werden.

ICF-Strukturierung

Aus didaktischen Gründen sind die Inhalte aus dem Text komplett in die Übersicht genommen worden. Deshalb sind an dieser Stelle mehr als die von der WHO empfohlenen Kodes (Items) aufgeführt.

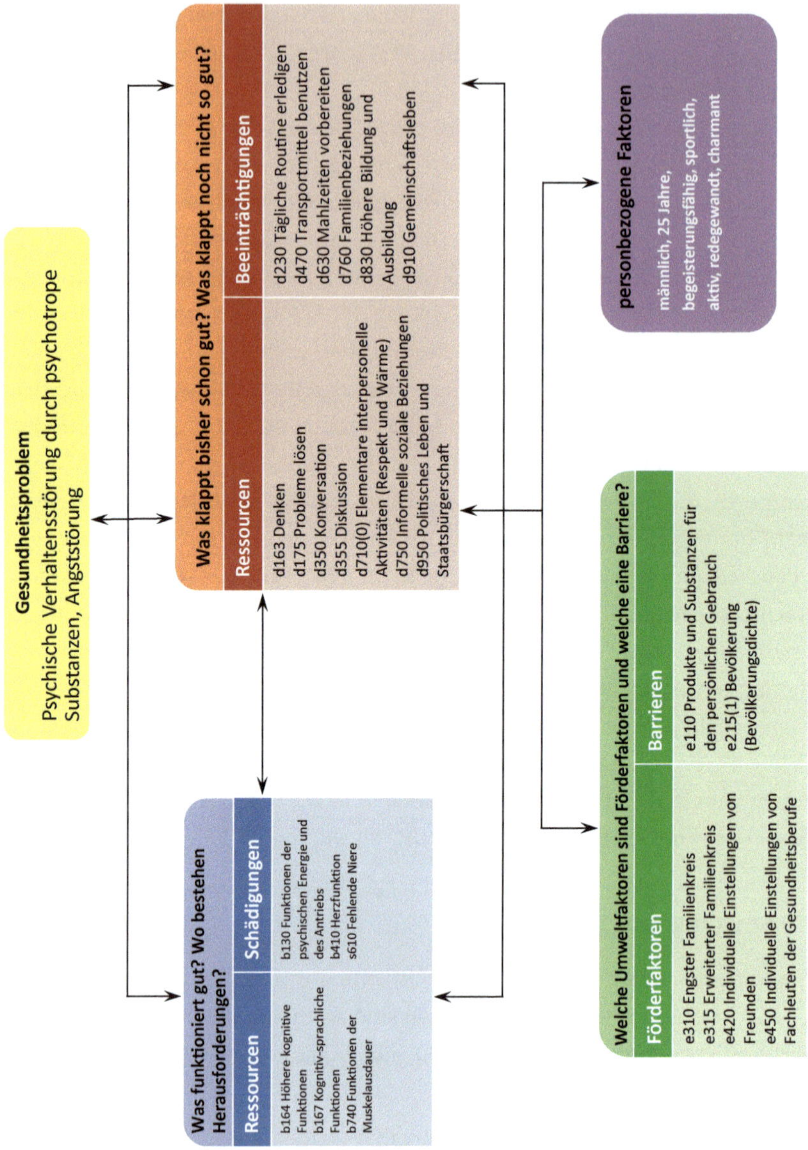
Gesundheitsproblem
Psychische Verhaltensstörung durch psychotrope Substanzen, Angststörung
Was klappt bisher schon gut? Was klappt noch nicht so gut?
Ressourcen
d163 Denken
d175 Probleme lösen
d350 Konversation
d355 Diskussion
d710(0) Elementare interpersonelle Aktivitäten (Respekt und Wärme)
d750 Informelle soziale Beziehungen
d950 Politisches Leben und Staatsbürgerschaft
Beeinträchtigungen
d230 Tägliche Routine erledigen
d470 Transportmittel benutzen
d630 Mahlzeiten vorbereiten
d760 Familienbeziehungen
d830 Höhere Bildung und Ausbildung
d910 Gemeinschaftsleben
Was funktioniert gut? Wo bestehen Herausforderungen?
Ressourcen
b164 Höhere kognitive Funktionen
b167 Kognitiv-sprachliche Funktionen
b740 Funktionen der Muskelausdauer
Schädigungen
b130 Funktionen der psychischen Energie und des Antriebs
b410 Herzfunktion
s610 Fehlende Niere
Welche Umweltfaktoren sind Förderfaktoren und welche eine Barriere?
Förderfaktoren
e310 Engster Familienkreis
e315 Erweiterter Familienkreis
e420 Individuelle Einstellungen von Freunden
e450 Individuelle Einstellungen von Fachleuten der Gesundheitsberufe
Barrieren
e110 Produkte und Substanzen für den persönlichen Gebrauch
e215(1) Bevölkerung (Bevölkerungsdichte)
personbezogene Faktoren
männlich, 25 Jahre, begeisterungsfähig, sportlich, aktiv, redegewandt, charmant

Herr Grube

Netzwerkkarte

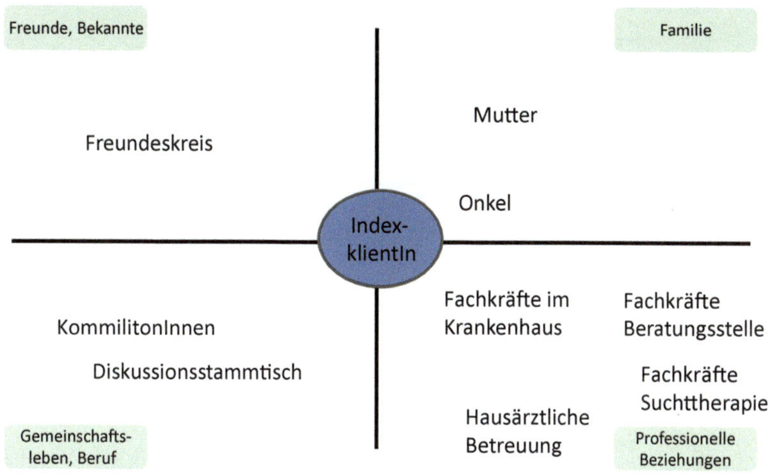

Personbezogene Betrachtung

Herr Grube

> „Ich habe keine Lust mehr zu studieren."
>
> „Gern würde ich meine Mutter mal wieder sehen."
>
> „Ich will etwas sinnstiftendes mit meinem Leben anfangen."
>
> „Am meisten stört mich meine innere Unruhe und die Aufregung, die ich spüre, wenn ich an öffentlichen Plätzen bin."
>
> „Ich möchte mich selbst gern wieder erkennen."

Interdisziplinäre Betrachtung

Ärztin im Krankenhaus

> „Eine regelmäßige hausärztliche Betreuung ist wichtig für Herrn Grube."
>
> „Der Alkoholkonsum haben ihn und seinen Körper sehr angegriffen, seine Nierenfunktion sollte überprüft werden."
>
> „Da ich denke, dass seine Probleme tiefer liegen, sollte er für den Anfang eine Beratungsstelle aufsuchen, die ihm helfen kann, sich zu ordnen und herauszufinden, was er möchte."

Sozialarbeiterin (Krankenhaus)

> „Herr Grube ist ein Mensch mit vielfältigen Interessen und Potential, welches er lernen muss, für sich zu nutzen. Ich habe ihm den Besuch einer sozialpädagogischen Beratungsstelle empfohlen. Er könnte auch in eine Selbsthilfegruppe gehen, aber das lehnt er bislang ab."

Wechselwirkungen zu „Höhere Bildung und Ausbildung" (d830)

An dieser Stelle sind *mögliche* Wechselwirkungen vorgestellt; weitere Wechselwirkungen könnten beschrieben werden. Aus didaktischen Gründen sind alle Inhalte, die an dieser Stelle nicht aufgeführt werden, aus der Übersicht entfernt worden. Wechselwirkungen sind Hypothesen, die im interdisziplinären Diskurs Berücksichtigung finden.

a) Wechselwirkungen mit Körperfunktionen:
Die Beeinträchtigung der psychischen Energie und des Antriebs (b130) wirken sich negativ auf Herr Grubes Studium aus, da er sich nicht motivieren kann, auf seinen Abschluss hinzuarbeiten.
Die Tatsache, dass Herr Grube seinem Studium nachgeht, kann sich positiv auf die Funktionen der psychischen Energie und des Antriebs (b130) auswirken.

b) Wechselwirkungen mit dem Kontext:
Durch die Einnahme von psychotropen Substanzen wird Herr Grube immens in seinem Studium beeinträchtigt (e110).
Die Unmotiviertheit bezüglich des Studiums verstärkt Herr Grubes Suchtverhalten in Bezug auf psychotrope Subtanzen.
Durch Herr Grubes begeisterungsfähige Charaktereigenschaft wird die Bereitschaft, einem Studium nachzugehen, positiv beeinflusst.
Durch ein interessantes Studium kann diese Eigenschaft verstärkt werden.

c) Wechselwirkungen mit anderen Lebensbereichen:
Der Lebensbereich „Bedeutende Lebensbereiche" (d8) (in diesem Fall: Studium) steht zu dem Lebensbereich „Kommunikation" (d3) in einer negativen Wechselwirkung, da sich Herr Grubes soziale Ängste (andere, viele Menschen) manifestieren.
Der Bereich „Kommunikation" kann sich positiv auf den Bereich „Studium" auswirken, indem Herr Grubes Sozialkompetenzen (wieder-)hergestellt werden und er mit anderen Menschen kommuniziert (d350).

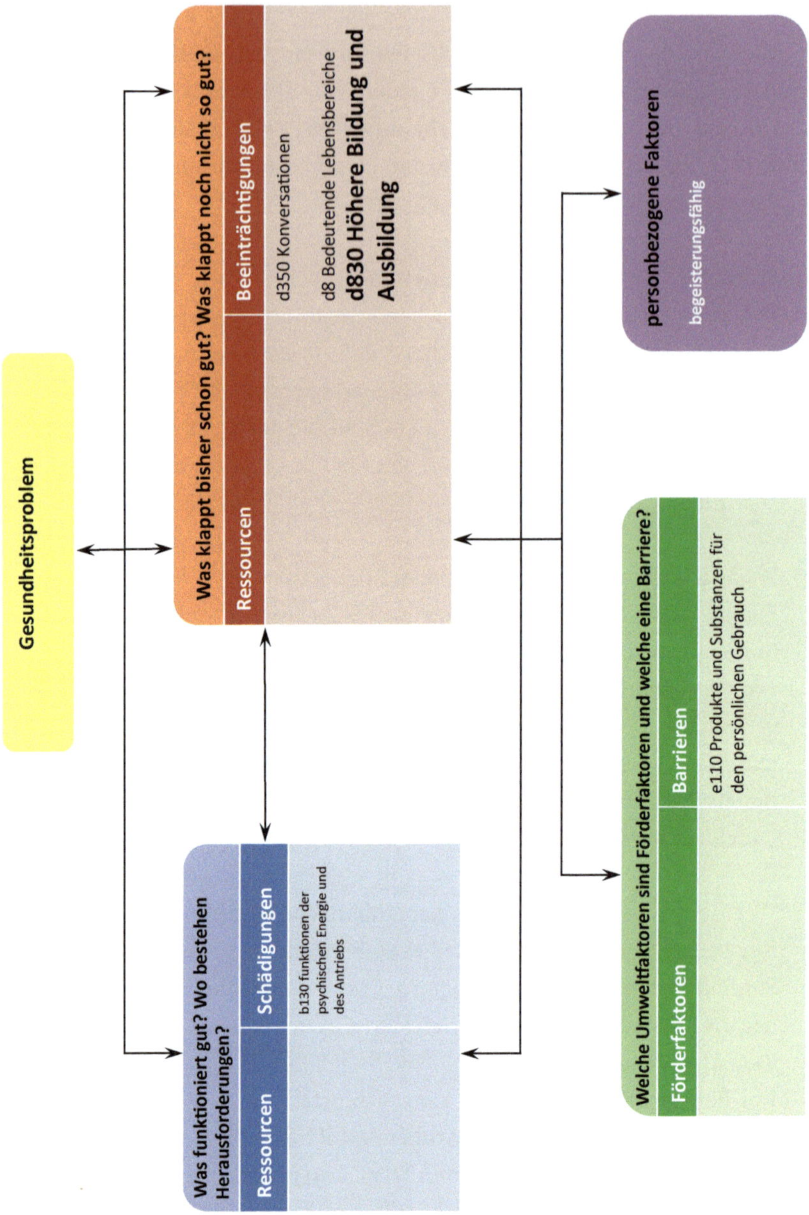

Wechselwirkungen: d830

Smarte Ziele

„Ich suche mir innerhalb einer Woche einen Hausarzt."

„In den nächsten zwei Wochen suche ich mir eine psycho-soziale Beratungsstelle, weil ich wieder autark leben möchte."

„Ich melde mich in einem Zyklus von zwei Wochen bei meiner Mutter."

Veränderungswunsch	„Am meisten stört mich meine innere Unruhe und die Aufregung, die ich spüre, wenn ich an öffentlichen Plätzen bin."	„Gern würde ich meine Mutter mal wieder sehen."
ICF-Codierung (Beschreibung)	d230 die tägliche Routine durchführen (eigenständiges Leben) d240 mit Stress umgehen (Herstellen einer Ausgeglichenheit) d570 Auf seine Gesundheit achten (sich Unterstützung suchen)	d760 Familienbeziehungen
SMARTe Ziele	„In den nächsten zwei Wochen suche ich mir eine psycho-soziale Beratungsstelle, weil ich wieder autark leben möchte."	„Ich melde mich in einem Zyklus von zwei Wochen bei meiner Mutter."
Maßnahmen	Herr Grube vereinbart in einer Beratungsstelle einen Termin und nimmt diesen wahr. Er erlernt Entspannungsverfahren, die er in unangenehmen Situationen anwenden kann. Herr Grube sucht sich mit Unterstützung der Beratungsstelle einen verhaltenstherapeutischen Psychotherapeuten.	Herr Grube ruft jeden zweiten Montag seine Mutter an und macht mit ihr aus, wann sie sich treffen. Sein Onkel ist für ihn als Gesprächspartner und Unterstützer ein begleitender Ansprechpartner.

Frau Zalander: 33 Jahre

Frau Zalander ist 33 Jahre jung, eine sehr aufgeschlossene, neugierige, wissbegierige, ambitionierte und unternehmungslustige Person. Seit acht Wochen befindet sie sich in stationärer Behandlung in der Psychiatrie aufgrund einer für sie lebenserschütternden Krise. Eine enge Freundin überzeugte Frau Zalander von der Notwendigkeit einer Behandlung.

In ihrer Adoleszenz (mit 15 J.) befand sich Frau Zalander schon einmal für drei Monate stationär in der Kinder- und Jugendpsychiatrie. Damals wurde die Verdachts-Diagnose „bipolare Störung" gestellt. Kurz vor dem Klinikaufenthalt trennten sich ihre Eltern. Sie berichtet, dass ihre Kindheit durch einen zur Gewalt neigenden Vater und eine hilflose Mutter gekennzeichnet war. Ab diesem Zeitpunkt befand sich Frau Zalander episodenhaft in psychiatrischer und therapeutischer Behandlung. Während dieser Zeit wurde sie medikamentös (Psychopharmaka) eingestellt. In der Psychotherapie erarbeitete sie Notfallpläne sowie Warnzeichen für manische und depressive Phasen. Sie beschäftigte sich eingehend mit ihrer Symptomatik und wurde selbst zur Expertin ihrer Erkrankung. Dies veranlasste Frau Zalander nach einigen Jahren therapeutischer Unterstützung dazu, ihre Medikamente selbst „nach Bedarf" einzuteilen und jegliche professionelle Unterstützung nach und nach herunterzufahren.

Frau Zalander hat nach ihrem Abitur eine Ausbildung zur Grafikdesignerin gemacht und verfolgte Ziele in ihrem Metier sehr bewusst und ambitioniert, was dazu führte, dass sie viel arbeitete. Sobald sich eine manische Phase in den Grundzügen anbahnte, nutzte Frau Zalander diese Fokussiertheit für ihren Ideenreichtum und kreativen Geist. Dieses Muster zog sich über mehrere Jahre hinweg durch und sie konnte mit diesem Arrangement gut leben. Laut eigener Aussage hat Frau Zalander in ihren „guten" Phasen gern und viel Kontakt zu ihren Freunden gepflegt. Außerdem liest sie gern Bücher, wodurch sie eine starke Redegewandtheit, Ausdrucks- und Abstraktionsfähigkeit besitzt. Dies zeigte sich schon in der Schule, wo Frau Zalander als Klassenbeste ihren Abschluss meisterte.

Zwischenmenschliche Beziehungen – gerade intime Beziehungen zu Männern – gestalteten sich schon seit ihrer Jugend eher problematisch. Als sie 30 Jahre alt wurde, befand sich Frau Zalander in einer Partnerschaft, die durch Gewalt und Streit gekennzeichnet war. Aus dieser Partnerschaft entstand eine kleine Tochter – Tilda – die nun drei Jahre alt ist. In dieser Zeit hatte sie vermehrt depressive Episoden, was zum einen die Betreuung ihrer Tochter deutlich einschränkte und im beruflichen Feld zu einem Rückgang ihrer Leistungen führte. Zudem zogen sich ihre Freunde zu dieser Zeit immer mehr zurück. Die Partnerschaft war bis zur Geburt von Tilda durch Intimität und gemeinsame Aktivitäten gekennzeichnet. Ab dem Zeitpunkt, an dem Tilda geboren wurde, veränderte sich auch die Beziehung zu ihrem Partner. Er zeigte sukzessive eine gewaltbereite Seite und die Hemmschwelle dahingehend wurde ebenso stets geringer. Als Tilda zwei Jahre alt war, trennte sie sich von ihrem Partner. Dies führte dazu, dass sie erneut in eine depressive Phase rutschte, ohne therapeutische und psychiatrische Behandlung zu dieser Zeit. Daraufhin kam es (laut Arbeitgeber) dazu, dass Frau Zalander aufgrund ihrer Interessenlosigkeit und Unzuverlässigkeit gekündigt wurde. Parallel zu der beruflichen Entwicklung zeigte sich, dass sie immer weniger Acht darauf gab, ob Lebensmittel im Kühlschrank sind oder ob die Miete gezahlt ist. Die tägliche Routine wurde mehr und mehr zu einer Zumutung für Frau Zalander, die sie eigenständig nicht mehr bewältigen konnte. Sie klagte ebenso über starke Bauchschmerzen und Magenkrämpfe, die vermehrt auftraten.

Zu diesem Zeitpunkt wurde ihre Mutter zu einer sehr großen Stütze, da sie häufig auf Tilda aufpasste, sie in den Kindergarten brachte und sich um den Haushalt ihrer Tochter kümmerte. Der Vater des Kindes möchte keinen Kontakt zu Tilda haben und zog sich aus der Erziehung der gemeinsamen Tochter komplett zurück. Frau Zalander isolierte sich mehr und mehr und verlor auch die Interessen an den Dingen, die ihr sonst Freude bereitet hatten (Ballett, Lesen, Fitnessstudio und Freunde treffen). In ihrer Kindheit und Jugend war Frau Zalander Leistungsturnerin und konnte sich für vielfältige sportliche Aktivitäten begeistern. Dieses Interesse ist seit drei Monaten nicht mehr vorhanden.

Auf Rat ihrer Hausärztin, von der sich Frau Zalander gut verstanden fühlt, erfolgte eine erneute stationäre Behandlung in der Psychiatrie. Sie leidet in den letzten Wochen deutlich unter emotionalen, Schlaf- und Antriebsstörungen. Es bestehen weiterhin die vorbeschriebenen Beeinträchtigungen im Haushaltsbereich (Einkaufen, „Haushaltsmanagement“), mit und unter Stress kann Frau Zalander aktuell sehr schlecht umgehen. Die sozialen Kontakte sind weiterhin deutlich eingeschränkt, ihre Hobbies übt sie weiterhin nicht aus. In der Klinik wurde Frau Zalander von dem behandelnden Arzt sowie vom Psychologen dazu geraten, nach dem Aufenthalt wieder eine ambulante Psychotherapie aufzunehmen sowie eine abgestimmte Medikation beizu-

(Fortsetzung S. 151)

ICF-Strukturierung

Aus didaktischen Gründen sind die Inhalte aus dem Text komplett in die Übersicht genommen worden. Deshalb sind an dieser Stelle mehr als die von der WHO empfohlenen Kodes (Items) aufgeführt.

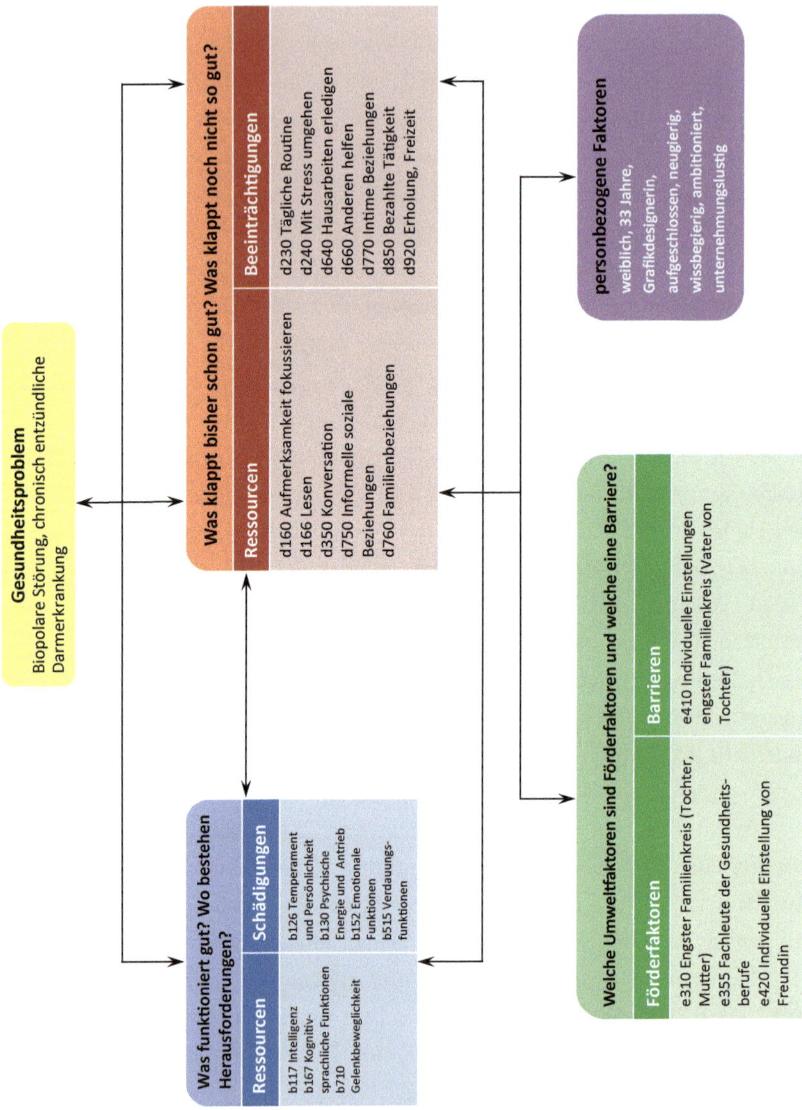

Frau Zalander

behalten. Ebenso wurde sie ärztlich aufgrund ihrer Bauchschmerzen und Magenkrämpfe weitergehend untersucht. Eine chronisch entzündliche Darmerkrankung wurde histologisch diagnostiziert. Die Sozialarbeiterin in der Psychiatrie hat ihr eine Maßnahme der Rehabilitation für psychisch erkrankte Menschen (RPK) empfohlen. Gemeinsam mit der Sozialarbeiterin hat Frau Zalander diese bereits beantragt, da sie sich zum aktuellen Zeitpunkt nicht vorstellen kann, wieder als Vollzeitkraft in ihren Beruf zurückzukehren. Ihr größter Wunsch sei es momentan, „wieder eine gute Mutter zu sein".

Netzwerkkarte

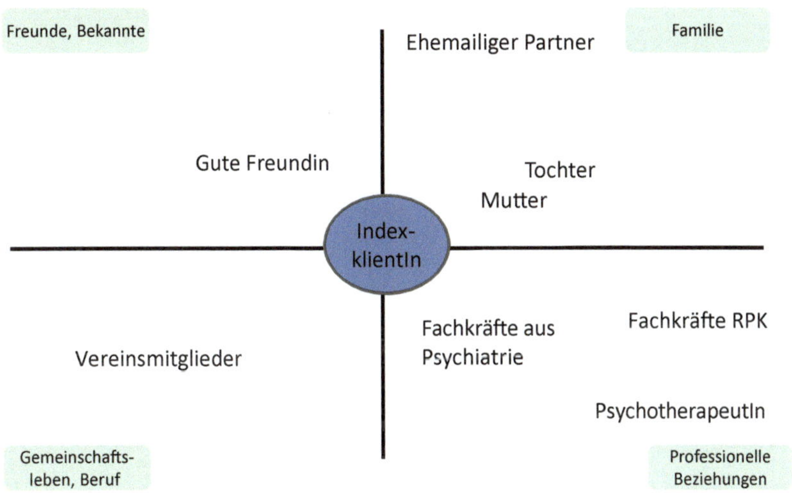

Personbezogene Betrachtung

Frau Zalander

„Ich fühle mich ausgebrannt und erschöpft."

„Ich war einmal eine sehr lebensfrohe und aufgeschlossene Person, die gern Neues ausprobierte und sehr aktiv war. Ich vermisse diese zeit, jetzt fühle ich mich nur noch ausgebrannt und schwer."

„Gern würde ich Yoga machen, um meine Mitte zu finden."

„Mein größter Wunsch ist es, meine innere Ruhe und Kraft wiederzufinden und eine gute Mutter zu sein."

„Ich möchte gern wieder mehr unternehmen und aktiver werden. Ich fühle mich so lustlos. Nichts, was mir früher Spaß gemacht hat, macht mir heute noch Spaß."

„Meine Mutter und meine beste Freundin sind eine sehr große Hilfe für mich. Ich wüsste nicht, was ich ohne sie tun sollte."

Interdisziplinäre Betrachtung

Sozialarbeiterin in der Klinik

„Ich denke, dass Frau Zalander sehr viele Ressourcen hat, auf die sie zurückgreifen kann."

„Eine Rehabilitationsmaßnahme für psychisch erkrankte Menschen ist für Frau Zalander eine gute Option, um wieder in einen strukturierten Alltag zu finden und ihre tägliche Routine zu festigen."

„Zudem ist es wichtig und Frau Zalanders Wunsch, zu ihrer Tochter Tilda wieder eine enge Bindung aufzubauen. Die Tochter lebt übergangsweise bei Frau Zalanders Mutter. Aus Gesprächen mit Frau Zalander kam deutlich durch, dass sie sich Sorgen mache, dass Tilda die Nähe zu ihr verliere."

Hausärztin

„Frau Zalander braucht eine regelmäßige ärztliche Vorstellung und Beratung. Die Diagnose der chronisch entzündlichen Darmerkrankung ist für sie belastend. Ich wünsche ihr, dass es ihr in den kommenden Monaten wieder besser geht."

Wechselwirkungen zu „Mit Stress umgehen“ (d240)

An dieser Stelle sind *mögliche* Wechselwirkungen vorgestellt; weitere Wechselwirkungen könnten beschrieben werden. Aus didaktischen Gründen sind alle Inhalte, die an dieser Stelle nicht aufgeführt werden, aus der Übersicht entfernt worden. Wechselwirkungen sind Hypothesen, die im interdisziplinären Diskurs Berücksichtigung finden.

a) Wechselwirkungen mit Körperfunktionen:
   Der Umgang mit Stress wirkt sich maßgeblich auf die Funktionen von Temperament und Persönlichkeit (b126) aus.
   Die Beeinträchtigungen von Temperament und Persönlichkeit wirken sich auf den Umgang mit Stress z. B. in alltäglichen Situationen aus.

b) Wechselwirkungen mit dem Kontext:
   Der Umgang mit Stress wirkt sich negativ auf den Kontext/die Umwelt aus, indem individuelle Beziehungen stark belastet werden (e410).
   Die wohlwollende individuelle Einstellung der Freundin (e420) wirkt sich positiv auf die Umgangsform mit Stress aus (Tipps zur Bewältigung von schwierigen Situationen).
   Personbezogene Faktoren wie die Unternehmungslust ihrerseits wirken sich teilweise negativ auf den Umgang mit Stress aus, da sich Frau Zalander gern zu viel vornimmt und sie dadurch ihre allgemeine Vulnerabilität in schwierigen Phasen strapaziert.
   Ihr Verhalten wirkt sich in stressigen Lebensphasen auf ihre Persönlichkeit aus, indem sie sich oft zurückzieht und sich distanziert verhält.

c) Wechselwirkungen mit anderen Lebensbereichen:
   Durch den teilweise maladaptiven Umgang mit stressbehafteten Situationen leiden Interpersonelle Interaktionen und Beziehungen (d7, d770) stark unter diesem Punkt (Abwendung von Freundeskreis).
   Gerade enge und positive Bindungen (intime Beziehungen) können Frau Zalander im Umgang mit Stress stärken.

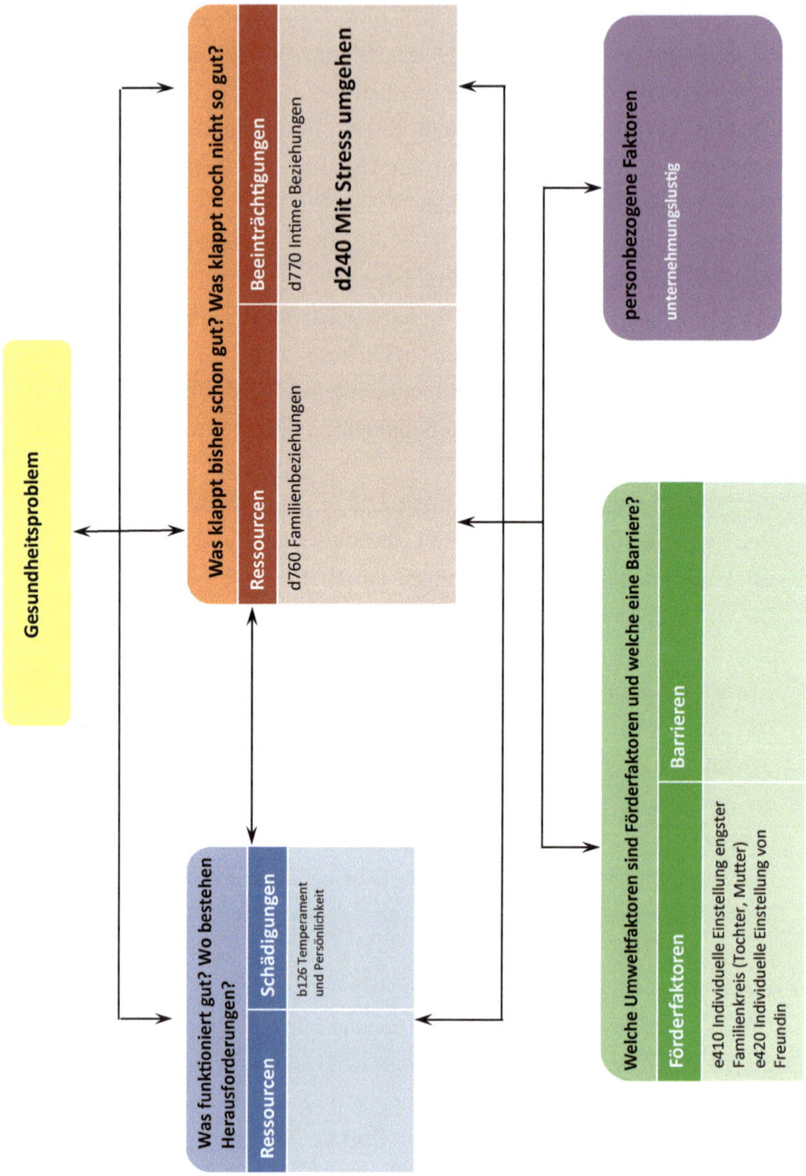

Wechselwirkungen: d240

Smarte Ziele

„Ich nehme täglich meine Medikamente ein.“

„Einmal in der Woche mache ich mit meiner Tochter einen Mutter-Kind-Tag.“

„In zwei Wochen starte ich die Maßnahme RPK und habe wieder eine feste Struktur in meinem Alltag.“

„Ich besuche jede Woche einen Yoga- und Meditationskurs, um meine innere Ruhe wiederzuerlangen.“

Veränderungswunsch	„Ich möchte gern wieder mehr unternehmen und aktiver werden. Ich fühle mich so lustlos. Nichts, was mir früher Spaß gemacht hat, macht mir heute noch Spaß.“	„Gern würde ich Yoga machen, um meine Mitte zu finden.“
ICF-Codierung (Beschreibung)	d160 Aufmerksamkeit fokussieren d840 Vorbereitung auf Erwerbstätigkeit	d920 Erholung und Freizeit
SMARTe Ziele	„In zwei Wochen starte ich die Maßnahme RPK und habe wieder eine feste Struktur in meinem Alltag.“	„Ich besuche jede Woche einen Yoga- und Meditationskurs, um meine innere Ruhe wiederzuerlangen.“
Maßnahmen	Regelmäßige Teilnahme an der Maßnahme RPK. Frau Zalander arbeitet mit Unterstützung des dortigen Psychologen an ihren Themen. Sie plant ihre Woche und festigt die Struktur in ihrem Alltag.	Frau Zalander sucht sich einen Yoga-Kurs, an dem sie wöchentlich teilnimmt. Sie überträgt diese Übungen in ihren Alltag. Frau Zalander hat sich eine Meditations-App heruntergeladen.

Frau Kleinert: 43 Jahre

Die 43-jährige Frau Kleinert wurde vor drei Jahren wegen Brustkrebs (linke Seite) operiert; dabei erfolgte eine Entfernung der Brust. Seitdem trägt sie einen besonderen BH, der den Defekt unter der Kleidung ausgleichen soll. Bei der Nachsorge vor acht Monaten zeigten sich Metastasen in den Lymphknoten der linken Achselhöhle. Daraufhin erfolgte eine erneute klinische Behandlung; diesmal auch mit Bestrahlung und Chemotherapie. Anschließend nahm Frau Kleinert an einer sechswöchigen stationären Rehabilitationsmaßnahme teil, die ihr subjektiv sehr gut getan habe. Die neuropsychologische Untersuchung (Intelligenzfunktionen) zeigte einen unauffälligen Befund.

Frau Kleinert ist verheiratet und hat mit ihrem Mann, einem 45 Jahre alten Sozialarbeiter, der in Vollzeit arbeitet, eine Tochter im Alter von 19 Jahren. Die Tochter studiert seit dem Wintersemester Physiotherapie und lebt in einer eigenen Wohnung am Studienort. Bei allen Geschehnissen der letzten Monate und Jahre empfindet Frau Kleinert ihren Mann als sehr verständnisvoll und als wertvolle Stütze. Zu ihrer Tochter hat sie ein gutes Verhältnis; die Tochter ist durch die Krebserkrankung der Mutter verunsichert, was sich im Verhalten der Mutter gegenüber widerspiegelt. Frau Kleinert ist aktuell noch wegen psychischer Beeinträchtigungen (Antriebsminderung, emotionale Labilität) krankgeschrieben. Frau Kleinert hat einen Arbeitsplatz als Verwaltungsfachangestellte bei einer großen Krankenkasse als Teilzeitstelle (25 Stunden die Woche). Die Arbeit mochte sie all die Jahre sehr und der Arbeitgeber hat ihr seit einigen Jahren die Möglichkeit geboten, einen Tag „Homeoffice" zu nutzen. Das hat sie gern in Anspruch genommen. Der Hausarzt hat ihr eine Vorstellung bei der Psychiaterin vorgeschlagen; dies lehnt Frau Kleinert derzeit ab. Frau Kleinert hat den Eindruck, dass ihr Hausarzt sie manchmal nicht richtig versteht und unterstützt. Zu der Fachärztin der Onkologie hat sie ein gutes Verhältnis, die Vorstellungen im Brustzentrum des Krankenhauses finden alle drei bis sechs Monate statt.

Aktuelle Beschwerden: Müdigkeit, Abgeschlagenheit, Konzentrationsschwierigkeiten und seit ein paar Wochen eine zunehmende pessimistische Grundstimmung. Sie hat Schmerzen an den Operationsnarben und rezidivierende (wiederkehrende) Bauchschmerzen. Die Operationsnarben ragen deutlich über das übliche Hautniveau hervor. Mit verschiedenen Schmerzmitteln hat sie bislang keine Schmerzfreiheit erreichen können. Sie fühlt sich körperlich schwach und kann noch nicht wieder so schnell gehen wie vor der Chemotherapie. Ihre maximale Gehstrecke beträgt aktuell maximal 1 km. Sie leidet seit ein paar Wochen unter Schlafstörungen. Sie empfindet auch die einfachen Aufgaben im Alltag derzeit als deutliche Stressbelastung. Sie hat Angst vor einem erneuten Auftreten des Tumors und Todesängste.

Ihrem Lieblingshobby, Lesen, kann sie seit einigen Monaten nicht mehr so nachgehen wie zuvor. Sie kann sich nicht mehr gut konzentrieren und aufmerksam sein, weshalb sie spannende Romane nicht mehr so interessieren wie zuvor. Die Position als Vorstandsmitglied im Turnverein hat sie vor vier Wochen zurückgegeben, da sie diese Arbeit – auch perspektivisch – nicht mehr ausfüllen könne. Mit einer Kollegin aus dem Turnverein hat sie weiterhin engen Kontakt als „beste Freundin". Von ihr fühlt sie sich gut angenommen und verstanden. Der Ehepartner unterstützt sie im Haushalt. Einkaufen und Saubermachen gelingt ihr nicht mehr alleine. Es bestehen finanzielle Schulden durch den Kauf des Eigenheimes. Frau Kleinert macht sich Sorgen, dass die finanzielle Situation durch ihre Erkrankung zu Problemen (mit den Banken) führen könnte; ihr Mann beurteilt die Situation als lösbar für das Ehepaar. Ebenso hat sie auch Sorge vor Überforderung durch den Stress im Beruf, wenngleich sie unbedingt so bald wie möglich wieder zur Arbeit zurückkehren möchte.

ICF-Strukturierung

Aus didaktischen Gründen sind die Inhalte aus dem Text komplett in die Übersicht genommen worden. Deshalb sind an dieser Stelle mehr als die von der WHO empfohlenen Kodes (Items) aufgeführt.

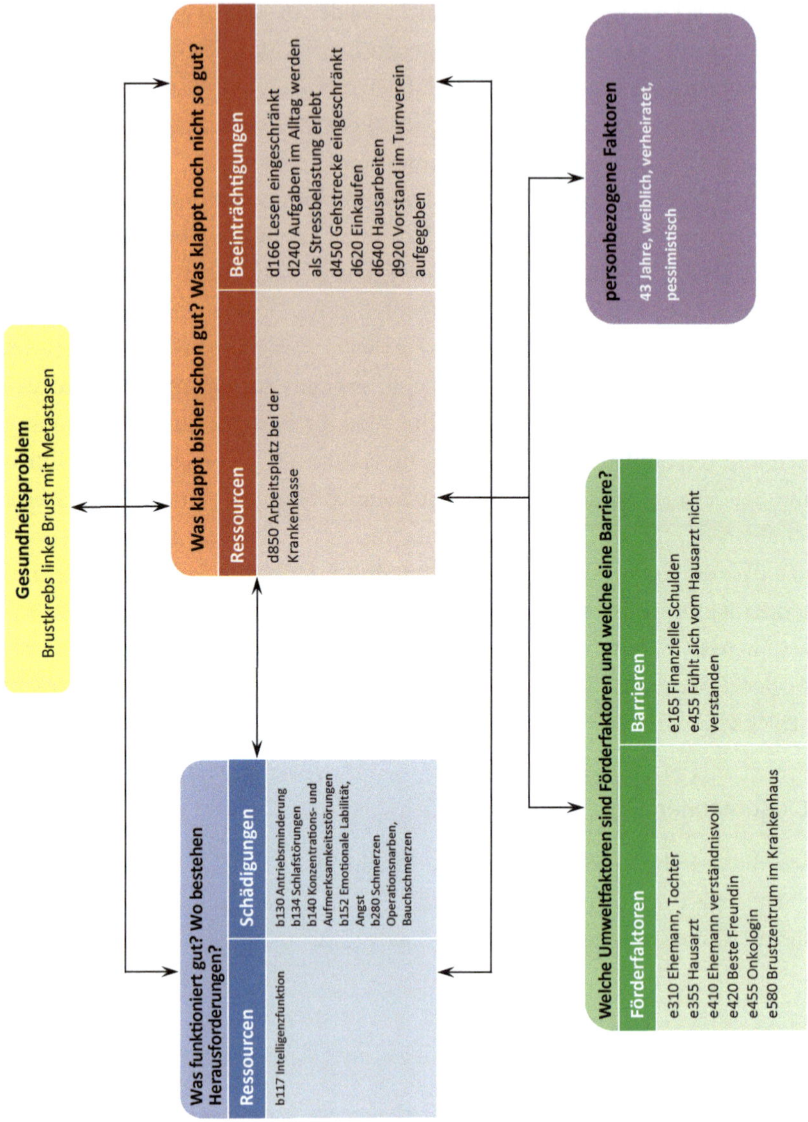

Frau Kleinert

Netzwerkkarte

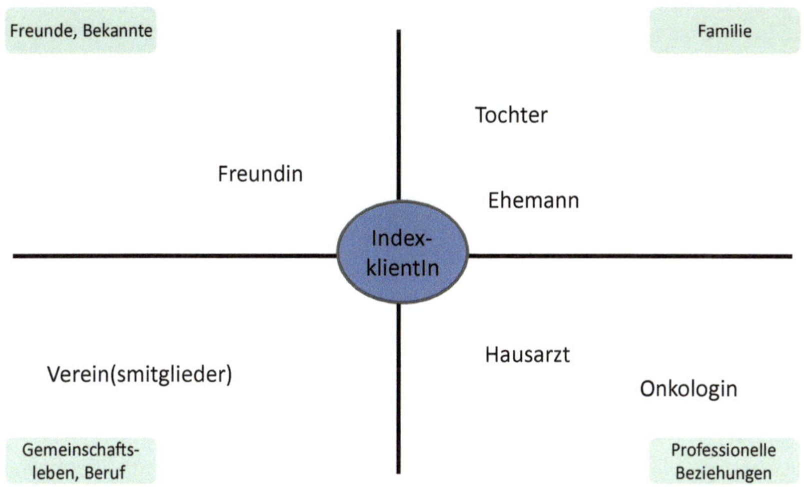

Personbezogene Betrachtung

Frau Kleinert

„Ich habe Angst, dass wir das Haus verlieren."

„Gerne würde ich wieder mehr lesen."

„Hoffentlich kann ich bald wieder Spaziergänge machen ohne Qualen."

Interdisziplinäre Betrachtung

Hausarzt

„Ich mache mir große Sorgen um Frau Kleinert. Die Therapie läuft nicht wie gewünscht. Sie braucht eine psychiatrische Diagnostik und mehr Unterstützung als bisher. Ich weiß noch nicht, wie ich Frau Kleinert vom Besuch bei der Psychiaterin überzeugen kann."

Onkologin (Ärztin)

„Frau Kleinert hat die Therapie gut überstanden, das war eine anstrengende Zeit für sie und ihre Familie. Ich wünschte, sie würde sich nicht so viele Sorgen machen und das Leben mehr genießen können. Vielleicht könnte ihr ein Anschluss an eine Selbsthilfegruppe helfen."

Wechselwirkungen zu „Aufgaben im Alltag werden als Stressbelastung erlebt“ (d240)

An dieser Stelle sind *mögliche* Wechselwirkungen vorgestellt; weitere Wechselwirkungen könnten beschrieben werden. Aus didaktischen Gründen sind alle Inhalte, die an dieser Stelle nicht aufgeführt werden, aus der Übersicht entfernt worden. Wechselwirkungen sind Hypothesen, die im interdisziplinären Diskurs Berücksichtigung finden.

a) Wechselwirkungen mit Körperfunktionen:
Die Stressbelastung kann sich auf die Schlaffunktion (b134) auswirken.
Die gestörte Schlaffunktion kann sich auf die Stressbelastung auswirken.
Die Stressbelastung kann sich auf die emotionale Stabilität (b152) auswirken.
Die emotionale Labilität kann sich auf die Stressbelastung auswirken.

b) Wechselwirkungen mit dem Kontext:
Die Stressbelastung kann sich auf die pessimistische Grundeinstellung auswirken.
Die pessimistische Grundeinstellung kann sich auf die Stressbelastung auswirken.
Die Stressbelastung kann sich auf die Einstellung des Ehemannes (e410) auswirken.
Die Einstellung des Ehemannes kann sich auf die Stressbelastung auswirken.

c) Wechselwirkungen mit anderen Lebensbereichen:
Die Stressbelastung kann sich auf die häuslichen Tätigkeiten (d620, d640) auswirken.
Die häuslichen Tätigkeiten können sich auf die Stressbelastung auswirken.
Die Stressbelastung kann sich auf die berufliche Tätigkeit/den Arbeitsplatz (d850) auswirken.
Die berufliche Tätigkeit kann sich auf die Stressbelastung auswirken.

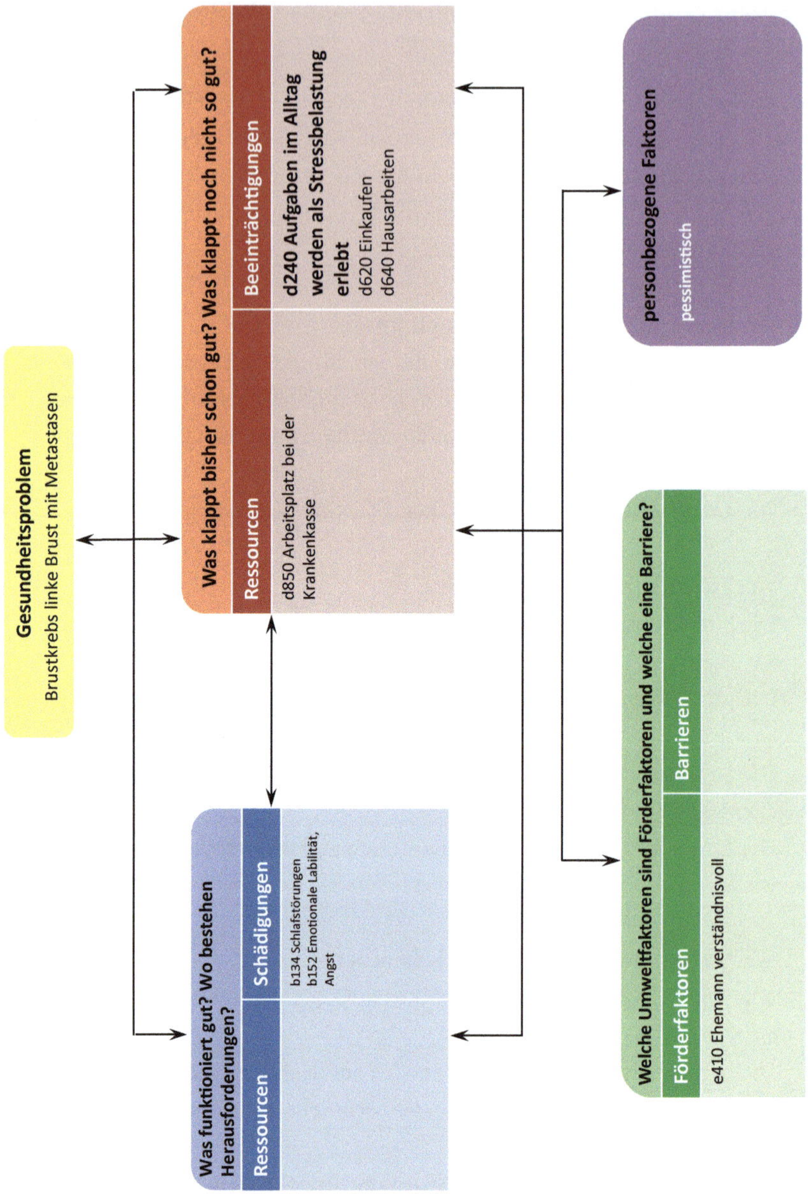

Wechselwirkungen: d240

Smarte Ziele

„Jeden Monat gehe ich mit meinem Mann in die Buchhandlung und kaufe mir ein neues Buch, das ich gerne lesen möchte."

„Ich möchte in sechs Monaten wieder mit Freude regelmäßig zur Arbeit gehen."

„Ich möchte in einem Jahr wieder ohne Einschränkungen laufen können und eine fünfstündige Wanderung mit der Familie machen."

Veränderungswunsch	„Gerne würde ich wieder mehr lesen."	„Hoffentlich kann ich bald wieder Spaziergänge machen ohne Qualen."
ICF-Codierung (Beschreibung)	d160 Lesen	d450 Laufen und Wandern
SMARTe Ziele	„Jeden Monat gehe ich mit meinem Mann in die Buchhandlung und kaufe mir ein neues Buch, das ich gerne lesen möchte."	„Ich möchte in einem Jahr wieder ohne Einschränkungen laufen können und eine fünfstündige Wanderung mit der Familie machen."
Maßnahmen	„Jeden ersten Samstag im Monat gehe ich mit meinem Mann in die Stadt zum Buchladen." „Mein Mann trägt sich die Termine in seinen Kalender ebenso ein wie ich." Frau Kleinert liest im „Spiegel" jede Woche die Bestsellerliste der belletristischen Literatur.	Frau Kleinert sucht mit der Hausärztin das Gespräch zum Thema Laufen. Ihr Mann nimmt an diesem Gespräch auf Wunsch von Frau Kleinert teil. Gerne möchte Frau Kleinert mit einem Fachmann ein Trainingsprogramm entwickeln und umsetzen (z. B. Physiotherapeut). Wie eine solche Umsetzung aussehen kann, berät sie mit der Hausärztin.

Herr Baum: 58 Jahre

Herr Baum ist 58 Jahre alt. In seiner aktuellen Krankenakte beim Hausarzt stehen folgende Diagnosen: Zustand nach Herzinfarkt (vor neun Monaten) und Zustand nach Schlaganfall, Diabetes mellitus (Typ II), Adipositas, mittelgradige depressive Episode. Seit dem Herzinfarkt besteht bei Herrn Baum eine deutlich reduzierte linksventrikuläre kardiale Funktion (linke Herzfunktion eingeschränkt). Unter Medikation Besserung der Herzfunktion, aber bei längeren Laufstrecken und beim Treppensteigen ist Herr Baum körperlich deutlich eingeschränkt. Er raucht (weiterhin Zigaretten) und hat einen deutlich erhöhten Blutzucker (Altersdiabetes). Bewegungsmangel besteht seit vielen Jahren, bei vorbestehendem Übergewicht jetzt weitere Gewichtszunahme (Adipositas). In der Vorgeschichte hatte Herr Baum mit 50 Jahren einen Schlaganfall; die Bildgebung des Kopfes (Magnetresonanztomographie, MRT) zeigte eine Blutung auf der rechten Hirnseite. Eine Läsion (Narbe) an gleicher Stelle zeigte sich auch nach der Kontrolle der Bildgebung beim letzten Krankenhausaufenthalt.

Aktuell klagt Herr Baum über Atemnot sowohl beim Treppensteigen als auch beim langsamen Spazierengehen. Er könne keine schweren Einkaufstaschen mehr tragen. Auch schon bei leichten Verrichtungen wie An- und Auskleiden sowie beim Waschen und Duschen habe er Schwierigkeiten und bekomme gelegentlich Luftnot. Seit mehreren Wochen plagen ihn immer wieder Rückenschmerzen, eine organische Ursache konnte der Hausarzt ausschließen. Linksseitig besteht seit dem Schlaganfall eine leichte Kontraktur (fixe Bewegungseinschränkung) des Sprunggelenkes. Die schon früher bekannte pessimistische Grundstimmung sei seit der Erkrankung und der damit verbundenen Leistungseinschränkung stärker ausgeprägt, eine depressive Störung ist seit sieben Monaten diagnostiziert. Zudem besteht seit ein paar Monaten eine Schlafstörung. Hinzu kommen Symptome mit Gedächtnisstörungen und Aufmerksamkeitsproblemen. Die Intelligenzfunktionen zeigten bei einer neuropsychologischen Untersuchung keine Störungen. Die Sehfunktion ist unauffällig. Routinetätigkeiten im Haushalt übernimmt er seit einigen Wochen nicht mehr zuverlässig (Einkaufen, Aufräumen, Staubsaugen). Aufgrund seiner Rückzugstendenzen hat er sich aus dem sozialen Leben (Vereinsleben, Geselligkeiten u. ä.) weitgehend zurückgezogen. Seit dem Herzinfarkt treten vermehrt Eheprobleme auf. Seine Ehefrau hat den

Eindruck, dass ihr Mann sich einfach nur hängen lässt. Auch in der Familie ziehe er sich zurück, das Spielen mit seinen Enkeln sei ihm mittlerweile zu anstrengend. Daher könnten er und seine Frau das Kind der alleinerziehenden, berufstätigen Tochter vormittags nicht mehr betreuen.

Herr Baum lebt mit seiner Ehefrau in einer Eigentumswohnung im 2. Obergeschoss (kein Aufzug). Die Frau trage nach Einschätzung von Herrn Baum aktuell nicht genug zur Unterstützung bei; sie könne seine Lebenssituation nicht gut verstehen. Herr Baum fühlt sich von seiner Frau missverstanden. Ein gutes Verhältnis habe er zu seinem Freund Peter in Heidelberg, mit dem er regelmäßig telefoniert und von dem er sich angenommen und in seiner Lebenssituation gut verstanden fühlt. Herr Baum besucht regelmäßig seinen Hausarzt und in größeren Abständen wird er vom Kardiologen betreut. Eine vom Hausarzt empfohlene Vorstellung bei der Psychiaterin lehnt er bislang ab. Obwohl in der Nähe ein ambulantes kardiologisches Rehabilitationszentrum liegt und der Hausarzt ihm Rehabilitationssport verordnet hat, fehlt Herrn Baum derzeit die Motivation zur Teilnahme am Rehabilitationssport. Der Hausarzt empfiehlt die Teilnahme am Rehabilitationssport, eine Ernährungsberatung sowie Kontakte zu einer Selbsthilfegruppe, ferner auch eine Psychotherapie. Herr Baum ist diesbezüglich pessimistisch und glaubt, dass ihm diese Angebote nicht weiterhelfen werden, kann sich aber vorstellen, zum Rehabilitationssport oder zur Physiotherapie zu gehen. Er fühlt sich seit Wochen sehr antriebsarm. Herr Baum ist nunmehr seit sechs Monaten berentet, Arbeiten ist aus seiner Sicht (auch in Teilzeit) nicht mehr möglich.

ICF-Strukturierung

Aus didaktischen Gründen sind die Inhalte aus dem Text komplett in die Übersicht genommen worden. Deshalb sind an dieser Stelle mehr als die von der WHO empfohlenen Kodes (Items) aufgeführt.

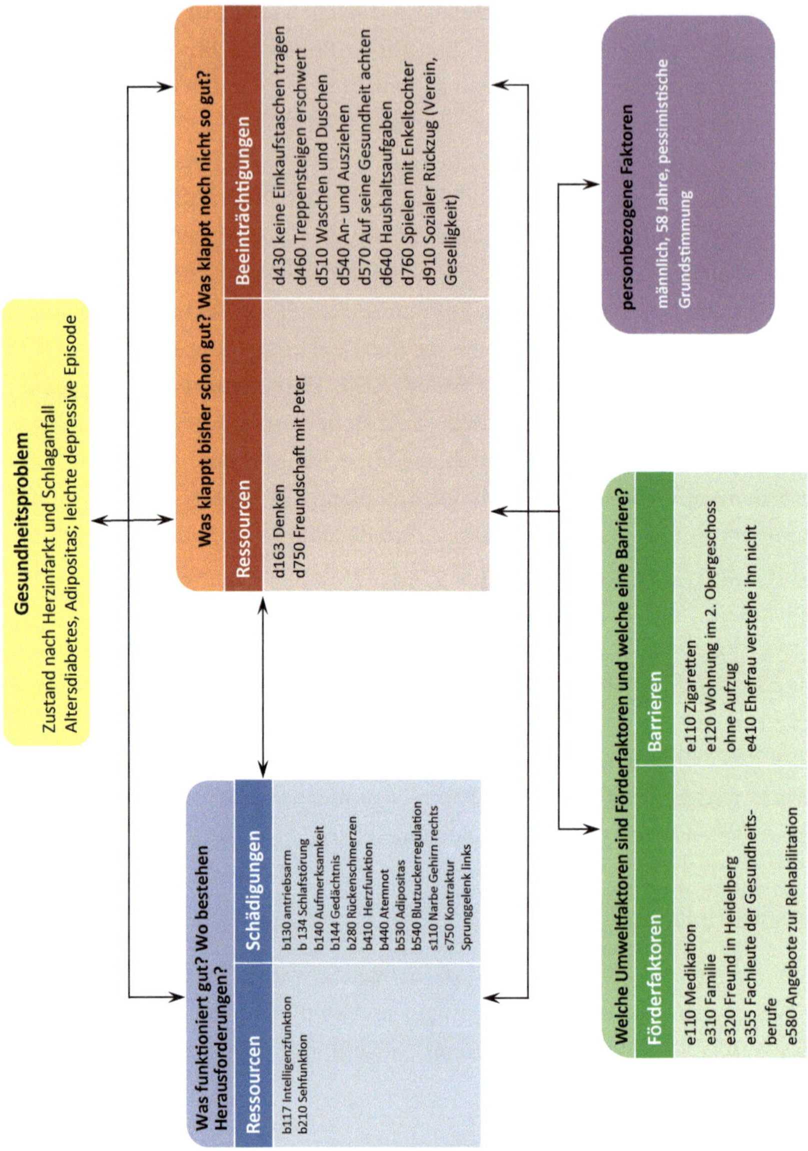
Gesundheitsproblem
Zustand nach Herzinfarkt und Schlaganfall
Altersdiabetes, Adipositas; leichte depressive Episode
Was funktioniert gut? Wo bestehen Herausforderungen?
Ressourcen
b117 Intelligenzfunktion
b210 Sehfunktion
Schädigungen
b130 antriebsarm
b 134 Schlafstörung
b140 Aufmerksamkeit
b144 Gedächtnis
b280 Rückenschmerzen
b410 Herzfunktion
b440 Atemnot
b530 Adipositas
b540 Blutzuckerregulation
s110 Narbe Gehirn rechts
s750 Kontraktur Sprunggelenk links
Was klappt bisher schon gut? Was klappt noch nicht so gut?
Ressourcen
d163 Denken
d750 Freundschaft mit Peter
Beeinträchtigungen
d430 keine Einkaufstaschen tragen
d460 Treppensteigen erschwert
d510 Waschen und Duschen
d540 An- und Ausziehen
d570 Auf seine Gesundheit achten
d640 Haushaltsaufgaben
d760 Spielen mit Enkeltochter
d910 Sozialer Rückzug (Verein, Geselligkeit)
Welche Umweltfaktoren sind Förderfaktoren und welche eine Barriere?
Förderfaktoren
e110 Medikation
e310 Familie
e320 Freund in Heidelberg
e355 Fachleute der Gesundheitsberufe
e580 Angebote zur Rehabilitation
Barrieren
e110 Zigaretten
e120 Wohnung im 2. Obergeschoss ohne Aufzug
e410 Ehefrau verstehe ihn nicht
personbezogene Faktoren
männlich, 58 Jahre, pessimistische Grundstimmung

Herr Baum

Netzwerkkarte

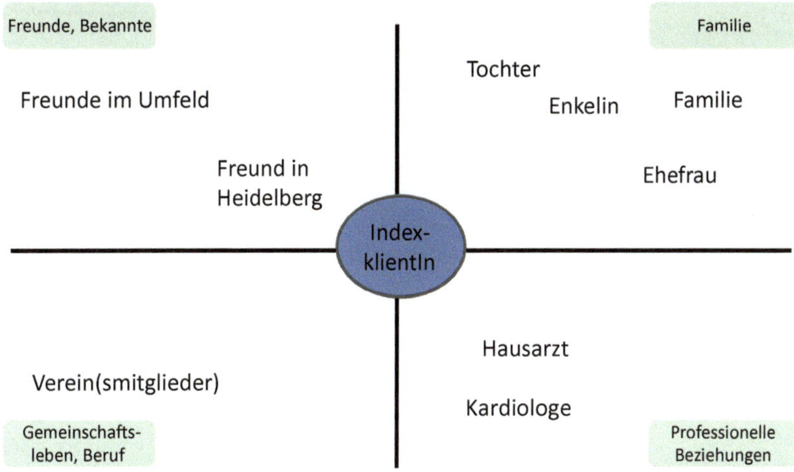

Personbezogene Betrachtung

Herr Baum

„Ich bin nichts mehr wert und werde nicht mehr gebraucht."

„Peter versteht, wie es mir geht, meine Frau nicht."

„Der Alltag ist anstrengend."

Interdisziplinäre Betrachtung

Hausarzt

„Seit dem Herzinfarkt geht es Herrn Baum zunehmend schlechter, die Berentung hat ihn entmutigt. Er ist aktuell deutlich eingeschränkt, achtet nicht ausreichend auf seine Gesundheit und erreicht nicht das, was er noch machen könnte. Sein sozialer Rückzug und die Probleme mit seiner Frau geben Anlass zur Sorge".

Kardiologe

„Es ist für mich unbegreiflich, dass Herr Baum weiterhin raucht. Eine erneute Katheteruntersuchung muss zeitnah erfolgen, da die Herzkranzgefäße sich weiter verengt haben können."

Wechselwirkungen zu „Sozialer Rückzug" (d910)

An dieser Stelle sind *mögliche* Wechselwirkungen vorgestellt; weitere Wechselwirkungen könnten beschrieben werden. Aus didaktischen Gründen sind alle Inhalte, die an dieser Stelle nicht aufgeführt werden, aus der Übersicht entfernt worden. Wechselwirkungen sind Hypothesen, die im interdisziplinären Diskurs Berücksichtigung finden.

a) Wechselwirkungen mit Körperfunktionen:
Der soziale Rückzug kann sich auf die Antriebsfunktion (b130) auswirken.
Der gestörte Antrieb kann sich auf den sozialen Rückzug auswirken.
Der soziale Rückzug kann sich auf die Rückenschmerzen (b280) auswirken.
Die Rückenschmerzen können sich auf den sozialen Rückzug auswirken.

b) Wechselwirkungen mit dem Kontext:
Der soziale Rückzug kann sich auf die (pessimistische) Grundstimmung auswirken.
Die pessimistische Grundstimmung kann sich auf den sozialen Rückzug auswirken.
Der soziale Rückzug kann sich auf die Einstellung der Ehefrau (e410) auswirken.
Die Einstellung der Ehefrau kann sich auf den sozialen Rückzug auswirken.

c) Wechselwirkungen mit anderen Lebensbereichen:
Der soziale Rückzug kann sich darauf auswirken, wie Herr Baum weiter auf seine Gesundheit achtet (d570).
Das Achten und die Fürsorge um seine eigene Gesundheit können sich auf den sozialen Rückzug auswirken.

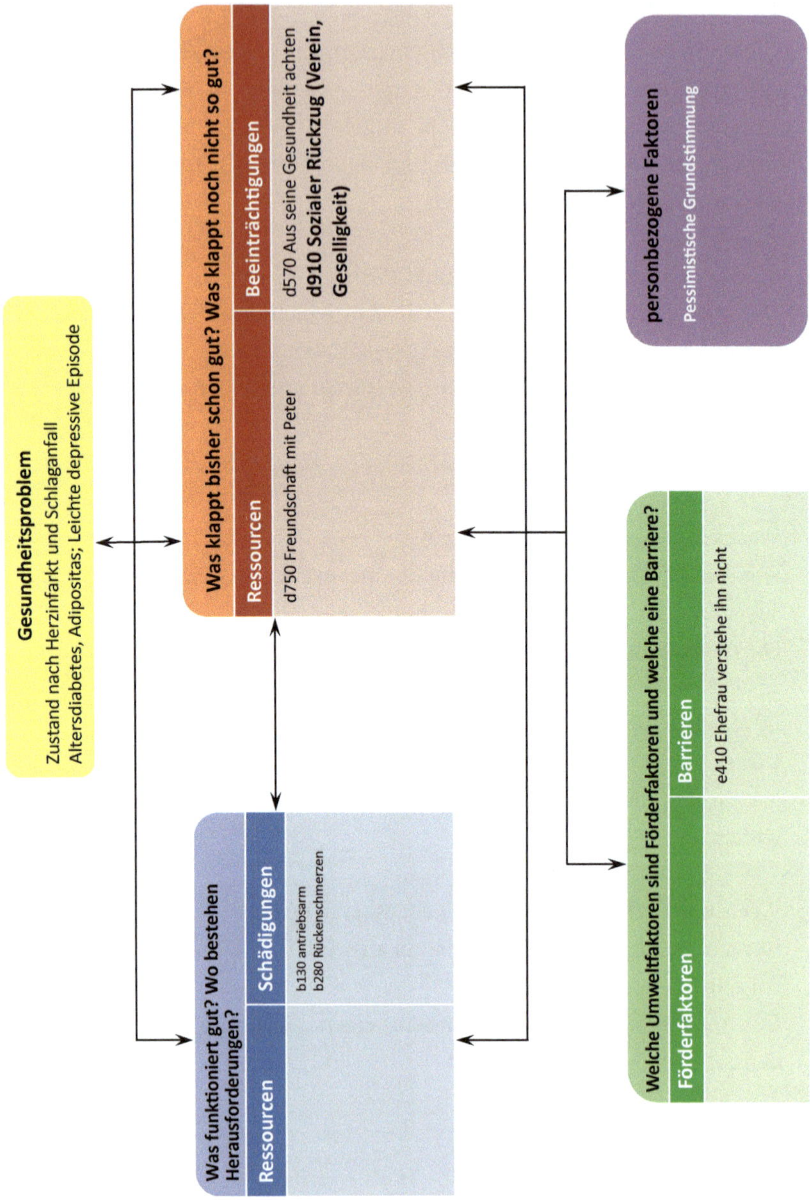

Wechselwirkungen: d910

Smarte Ziele

„In drei Monaten besuche ich den Rehabilitationssport einmal die Woche."

„In den nächsten sechs Monaten besuche ich Peter in Heidelberg."

„In einem Jahr spiele ich wieder einmal in der Woche mit meiner Enkelin."

Veränderungswunsch	„Der Alltag ist anstrengend, aber ich muss mehr für mich tun."	„Mit Peter kann ich gut reden; ich will meinen Freund häufiger sprechen und auch sehen."
ICF-Codierung (Beschreibung)	d570 auf die Gesundheit achten	d750 Kontakte zu Freunden d910 Gemeinschaftsleben
SMARTe Ziele	„In drei Monaten besuche ich den Rehabilitationssport einmal die Woche."	„In den nächsten sechs Monaten besuche ich Peter in Heidelberg."
Maßnahmen	Herr Baum spricht mit dem Hausarzt über den Zugang zum Rehabilitationssport in den nächsten zwei Wochen. Dann ruft er dort an und macht einen Termin zum Ausprobieren. Wenn das nicht geeignet sein sollte, überlegt Herr Baum, welche Alternativen es geben kann für mehr Bewegung im Alltag bzw. für professionelle Hilfe.	Beim nächsten Telefonat mit seinem Freund Peter bespricht Herr Baum die Möglichkeit des Besuches in Heidelberg. Innerhalb von vier Wochen wird der Besuch in Heidelberg dann konkret geplant. Auch der „Gegenbesuch" von Peter wird geplant.

Frau Kurmina: 63 Jahre

Frau Kurmina ist eine 63 Jahre junge Frau, die zunehmend mit verschiedenen Herausforderungen umzugehen hat. Seit 30 Jahren besitzt sie eine Gärtnerei, die sie von ihrem Vater übernommen hat. Mit den Einnahmen konnte sie sich bisher ein Leben finanzieren, welches ihren Anforderungen entspricht.

Zurzeit mache ihr ihr Rücken und ihr Nacken starke Beschwerden. Die ärztliche Untersuchung ergab, dass sie seit circa fünf Jahren eine zunehmend schlechte Haltung hat und der Übergang von Halswirbel zu Brustwirbel stark betroffen sei. Der Orthopäde sagte, es sei ein sogenannter Rundrücken (Hyperkyphose). Sie klagt über starke Schmerzen im Bereich der Halswirbelsäule, was ihr die Arbeit in ihrer Gärtnerei stark erschwere. Ihr wurden Cortison-Infiltrationen vom Orthopäden gegeben und Physiotherapie verschrieben, die jedoch nur eine geringe Besserung brachten. Die Schmerzen fingen an, in den linken Schulterbereich auszustrahlen, sodass sie kaum noch ihrer beruflichen Tätigkeit nachgehen konnte. Die weitere Diagnostik ergab bei einer MRT-Untersuchung, dass ein Bandscheibenvorfall zwischen dem 6. und 7. Halswirbelkörper vorlag. Aktuell nimmt Frau Kurmina täglich 3 x 600 mg Ibuprofen ein. Weiterhin berichtet Frau Kurmina über Taubheitsgefühle in den Armen und Beinen. Teilweise fühlen sich ihre Extremitäten wie gelähmt an. Ein Fachberater der Krankenkasse, habe eine konservative Therapie (Physiotherapie) empfohlen und zunächst von einer Operation abgeraten. Außerdem begleiten Frau Kurmina seit zwei Jahren starke Migräneanfälle, die sie in regelmäßigen Abständen (ca. alle zwei Monate) an das Bett fesseln. Schon leise Unterhaltungen und Geräusche strengen sie extrem an. In diesen Zeiten übernimmt ihre Tochter die Gärtnerei und pflegt den Betrieb sowie das Haus. Ihre Tochter befindet sich aktuell in Elternzeit, sodass es ihr möglich ist, im Betrieb mit auszuhelfen. Wenn es Frau Kurmina gesundheitsbedingt möglich ist, passt sie sehr gern auf ihren kleinen Enkel auf. Dies bereitet ihr sehr viel Freude.

Des Weiteren bestehen seit fast einem Jahr immer wieder und zunehmend Hüftschmerzen, was lange Gehstrecken für sie schwierig mache, diese sind in der Gärtnerei jedoch unabdingbar. Inzwischen falle es Frau Kurmina nicht leicht, ihre tägliche routinierte Arbeit durchzuführen. Sie fühle sich in ihrer Mobilität stark eingeschränkt. Ebenso haben ihre starken Schmerzen im

Nacken und in der Hüfte Auswirkungen auf ihr häusliches Leben, ihr falle es sehr schwer zu putzen und allgemeine Haushaltsaufgaben zu erledigen.

Durch die Entwicklung in den letzten Monaten sei Frau Kurminas Stimmung mehr und mehr gedrückt. Sie verliere den Spaß an ihren Hobbys und ihrer Arbeit, durch die Schmerzen. Frau Kurmina hat durch ihre Gärtnerei viele Bekannte und Freunde gefunden. Ihre Freunde würden sie als sehr lebensfrohen, aktiven, humorvollen und aufgeweckten Menschen beschreiben, der sich nicht scheut Entscheidungen für das Leben zu treffen. Ihre Freunde bewundern sie für ihren Tatendrang und ihre Willensstärke. Frau Kurmina sagt, sie habe das Gefühl, dass ihre Lebensqualität durch ihre körperlichen Beschwerden stark abnehme. Sie kenne sich selbst als Frau, die gut mit Stress umgehen und sich gut aus schwierigen Situationen hinausmanövrieren kann. Ihre aktuelle Situation lässt sie jedoch an manchen Tagen sehr an ihren Fähigkeiten zweifeln.

Ihre Physiotherapeutin wies sie darauf hin, dass eine weitere Diagnostik in Bezug auf ihre Hüfte und den Bandscheibenvorfall angebracht wäre, um nach Möglichkeiten zu suchen, die eine Besserung ihres körperlichen Zustandes hervorrufen würden. Ebenso riet sie ihr dazu, ihren Arzt zu bitten, eine neue Stellungnahme zu schreiben, in der er die neurologische Seite ihres körperlichen Zustandes (Taubheitsgefühle, Lähmungsgefühle) als Argumentation nutzt. Eine ihrer besten Freundinnen riet ihr dazu, den Gärtnereibetrieb herunterzufahren und sich eine Alternativlösung zu überlegen, wie beispielsweise den Betrieb und das Angebot zu verkleinern und die restlichen Flächen zu vermieten oder die Leitung der Gärtnerei in die Hände ihrer Tochter zu übergeben.

ICF-Strukturierung

Aus didaktischen Gründen sind die Inhalte aus dem Text komplett in die Übersicht genommen worden. Deshalb sind an dieser Stelle mehr als die von der WHO empfohlenen Kodes (Items) aufgeführt.

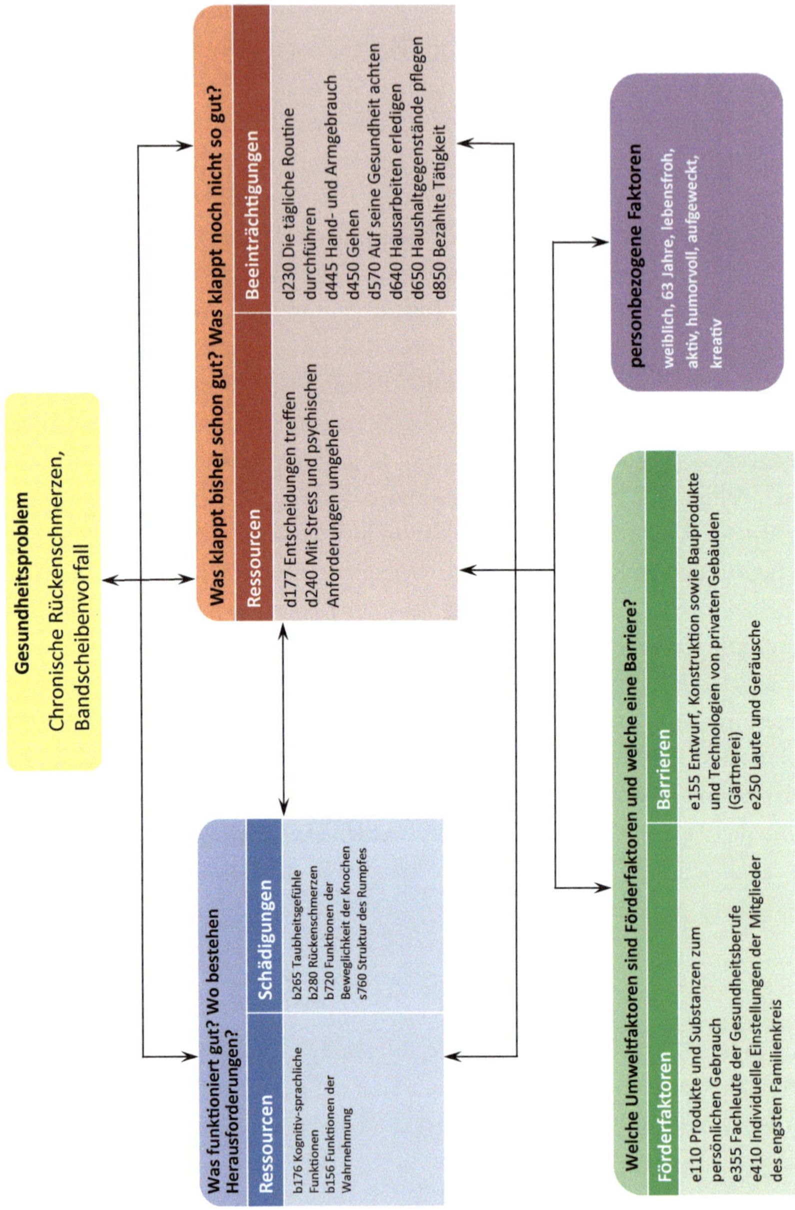

Frau Kurmina

Netzwerkkarte

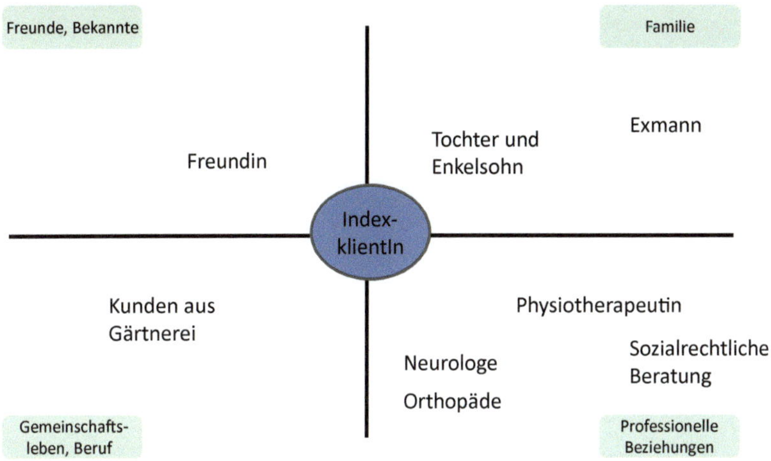

Personbezogene Betrachtung

Frau Kurmina

„Gern möchte ich wieder normal arbeiten, wie ich es die letzten 30 Jahre getan habe."

„Ich will keine Schmerzen mehr haben. Ich will schmerzfrei leben."

„Ich bin sehr dankbar für meine Tochter und dafür, dass sie mir hilft."

„Das Draußen-Sein und die Bewegung fehlen mir. Ich will wieder mehr an der frischen Luft sein."

„Ich habe keine Kraft dazu, mich mit der Krankenkasse zu streiten."

Interdisziplinäre Betrachtung

Physiotherapeutin

„Als Physiotherapeutin rate ich Frau Kurmina, sich neurologisch aufgrund ihrer Taubheitsgefühle untersuchen zu lassen sowie eine weitere Diagnostik in Bezug auf ihren Bandscheibenvorfall und ihrer Hüfte durchführen zu lassen. Mit einer Operation hätte sie die Chance, den Betrieb weitere Jahre selbst zu leiten, und dann könnte sie sich in Ruhe nach einer Nachfolge umsehen."

Orthopäde

„Frau Kurmina sollte überlegen, eine stationäre medizinische Rehabilitation zu beantragen für den Schwerpunkt Orthopädie. Vielleicht ist auch eine Operation in den kommenden Jahren notwendig."

Wechselwirkungen zu „Hausarbeiten erledigen“ (d640)

An dieser Stelle sind *mögliche* Wechselwirkungen vorgestellt; weitere Wechselwirkungen könnten beschrieben werden. Aus didaktischen Gründen sind alle Inhalte, die an dieser Stelle nicht aufgeführt werden, aus der Übersicht entfernt worden. Wechselwirkungen sind Hypothesen, die im interdisziplinären Diskurs Berücksichtigung finden.

a) Wechselwirkungen mit Körperfunktionen und -strukturen:
Hausarbeiten zu erledigen steht in einer negativen Wechselwirkung zu den Rückenschmerzen (b280).
Durch die Beeinträchtigung, die Frau Kurmina durch ihren Bandscheibenvorfall sowie durch ihre Rückenschmerzen erfährt, ist sie bei der Erledigung von Hausarbeiten eingeschränkt.

b) Wechselwirkungen mit dem Kontext:
Die Physiotherapie (e355) wirkt sich positiv auf die Erledigung der häuslichen Tätigkeiten aus. Durch die Miteinbeziehung der häuslichen Tätigkeiten in das Therapiekonzept entstehen positive Auswirkungen auf das Handlungskonzept der Physiotherapie.
Durch Frau Kurminas fortgeschrittenes Alter wird es ihr im weiteren Verlauf, ohne die adäquate Unterstützung, stets schwerer fallen, Hausarbeiten wahrzunehmen.
Der Bereich, Hausarbeiten zu erledigen, hat Einfluss auf Selbstbewusstseins- und Selbstwirksamkeitsfaktoren (sich gebraucht und wichtig zu fühlen).

c) Wechselwirkungen mit anderen Lebensbereichen:
Der Bereich „häusliches Leben“ steht bei Frau Kurmina eng in Zusammenhang mit dem Lebensbereich der Mobilität (d4), wie z. B. dem Hand- und Armgebrauch (d445) oder dem Gehen (d450).
Diese Fähigkeiten bestimmen, wie mobil Frau Kurmina sein kann.

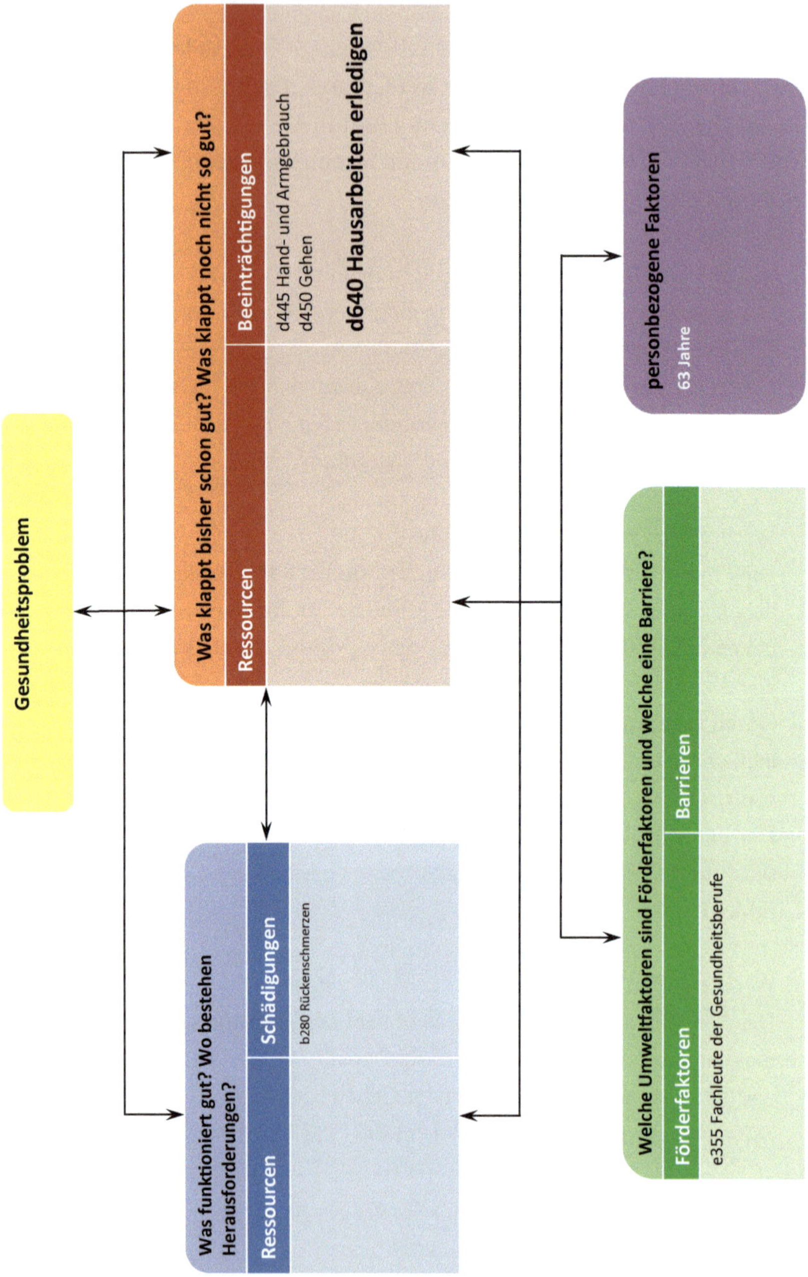

Wechselwirkungen: d640

Smarte Ziele

„Ich suche mir innerhalb der nächsten drei Wochen erneut einen Neurologen und lasse eine umfassende Diagnostik durchführen, um meine allgemeine Lebensqualität wieder zu erhöhen."

„Ich erarbeite gemeinsam in den nächsten drei Monaten mit meiner Freundin ein Alternativkonzept für die Gärtnerei."

„Ich gehe täglich durch meinen Garten, um meine Mobilität zu erhalten."

Veränderungswunsch	„Ich will keine Schmerzen mehr haben. Ich will schmerzfrei leben."	„Das Draußen-Sein und die Bewegung fehlen mir. Ich will wieder mehr an der frischen Luft sein."
ICF-Codierung (Beschreibung)	d570 Auf seine Gesundheit achten d230 Die tägliche Routine durchführen d640 Hausarbeiten erledigen d850 Bezahlte Tätigkeit	d450 Gehen d920 Erholung und Freizeit
SMARTe Ziele	„Ich suche mir innerhalb der nächsten drei Wochen erneut einen Neurologen und lasse eine umfassende Diagnostik durchführen, um meine allgemeine Lebensqualität wieder zu erhöhen."	„Ich gehe täglich durch meinen Garten, um meine Mobilität zu erhalten."
Maßnahmen	Frau Kurmina recherchiert nach neuem/r Neurolog*in und vereinbart einen Termin.	Frau Kurmina nimmt sich täglich Zeit, um durch ihren Garten zu gehen. Sie legt bei Bedarf Pausen ein.

Herr Schmidt: 78 Jahre

Herr Schmidt ist 78 Jahre alt und lebt mit seiner Frau in einem großen Einfamilienhaus. Früher war er als Bauarbeiter bei einer Straßenbaufirma beschäftigt, wo er sein ganzes Leben lang hart körperlich arbeitete und oft auf Montage war. So versorgte er seine Frau und die vier Kinder. Seitdem die Kinder alle aus dem Haus sind und er seinem Job nicht mehr nachgehen kann, geht es Herrn Schmidt psychisch und physisch nicht mehr gut. Zwei seiner Kinder sind in eine 100 km entfernte Großstadt gezogen, weshalb der Kontakt nur noch sehr sporadisch sei. Seine anderen zwei Kinder wohnen zwar noch in der gleichen Stadt, haben aber mittlerweile eine eigene Familie, bei der sich Herr Schmidt nicht aufdrängen möchte.

Vor zwei Monaten hatte Herr Schmidt einen Herzinfarkt und befand sich initial zur Behandlung auf der Intensivstation. Während dieser Krankenhausbehandlung wurden ihm zwei Stents gesetzt. Seitdem ist er in regelmäßiger kardiologischer Betreuung und in engmaschiger Vernetzung mit seinem Hausarzt, der ebenso (seit einem gemeinsamen Segelurlaub mit der Kirchengemeinde) ein guter Freund von ihm ist. Sein Hausarzt stellte vor über zehn Jahren fest, dass Herr Schmidt unter Rheuma leidet. Unter einer Basismedikation mit Methotrexat waren die rheumatoide Arthritis in den letzten Jahren gut zu behandeln.

Aktuell klagt Herr Schmidt über Atemnot, bereits seit mehreren Wochen bestehen Schmerzen in den Gelenken, eine Morgensteifigkeit des Bewegungsapparates und Schwierigkeiten beim An- und Ausziehen. Manchmal gibt es Tage, da kann er sich kaum bewegen, und seine Frau muss ihm beim Ankleiden helfen. Gerade klimabedingte Veränderungen treffen Herrn Schmidt und seinen körperlichen Funktionszustand sehr hart; gerade bei einem Klimawechsel, kann er sich kaum bewegen. Als das Ehepaar noch ein höheres Einkommen besaß, sind sie beide gern in den Urlaub gefahren und haben die Welt bereist, was sie sich nun aufgrund der finanziellen Situation nicht mehr leisten können. Um das Einkommen aufzubessern, arbeitete Herr Schmidt bis vor kurzem noch nebenher für Freunde und Bekannte. Er renovierte deren Häuser und Wohnungen. Dies kann er nun nicht mehr durchführen, da er vor allem Schwierigkeiten beim Hand- und Armgebrauch und beim Tragen von Gegenständen hat. Das Verhältnis zu seiner Frau beschreibt Herr Schmidt als angespannt und „ermüdend“, häufig streiten sie und leben nur noch nebeneinander her. Seine Frau beschreibt Herrn Schmidt als zunehmend gereizt und stets unter einer spürbaren Anspannung. Sie schaffe es nicht, zu ihm „durchzudringen“, und merke, dass er unglücklich sei. Momentan ist das einzige Gewohnte, was Herr Schmidt aufrechterhält, das regelmäßige Skatspiel mit seinen zwei Freunden. Dies bereitet ihm immer noch viel Freude.

Im Haushalt und Haus kann er seinen Aufgaben in den letzten Monaten nicht mehr nachkommen. Erschwerend kommen finanzielle Nöte hinzu, da seine Rente sehr gering ist und auch seine Frau nur eine niedrige Rente bezieht. Häufig plagen ihn Existenz- und Überlebensängste, die er jedoch größtenteils für sich behält und seiner Familie verschweigt. Er selbst sagt, dass er früher ein „Lebemann“ war, der stets gute Laune hatte und durch seinen Job die Familie gut ernähren konnte, was ihm das Gefühl gab, eine Aufgabe zu haben. Dieser Aspekt fehle ihm nun gänzlich. Halt findet er vor allem in der Kirchengemeinde, in der er seit 58 Jahren eingebunden ist. Der Einzige, dem er sich ganz anvertraut hat, ist der Pfarrer der Gemeinde.

Er und seine Frau haben ein großes Haus, das immer noch mit einer größeren Restschuld (Hypothek) belastet ist, weshalb das Ehepaar finanziell enorm einschränkt ist. Hinzu kommt, dass das Haus viele Treppen hat. Schlaf- und Badezimmer befinden sich in der oberen Etage. Jetzt schon fällt es Herrn Schmidt häufig schwer, die Treppen zu steigen, weshalb er manchmal auf dem Sofa im Untergeschoss nächtigt. Sein Hausarzt und guter Freund riet ihm unter anderem dazu, das Haus zu verkaufen und in eine kleine Wohnung zu ziehen. Aus ärztlicher Perspektive hält er eine Rehabilitationsmaßnahme aufgrund des Herzinfarktes für angemessen. Herr Schmidt berichtet, dass er sich mehr Kontakt zu seiner Familie wünscht und eine neue Aufgabe in seinem Leben. Der Pfarrer seiner Gemeinde entnahm aus den Einzelgesprächen ebenfalls, dass es Herr Schmidt an einer Aufgabe fehle, die für ihn Sinn ergibt und ihn erfüllt. Er riet ihm, wieder öfter zu Gemeinschaftsabenden zu kommen und sich eventuell ehrenamtlich mit seiner Frau in einer Kircheninitiative zu engagieren.

ICF-Strukturierung

Aus didaktischen Gründen sind die Inhalte aus dem Text komplett in die Übersicht genommen worden. Deshalb sind an dieser Stelle mehr als die von der WHO empfohlenen Kodes (Items) aufgeführt.

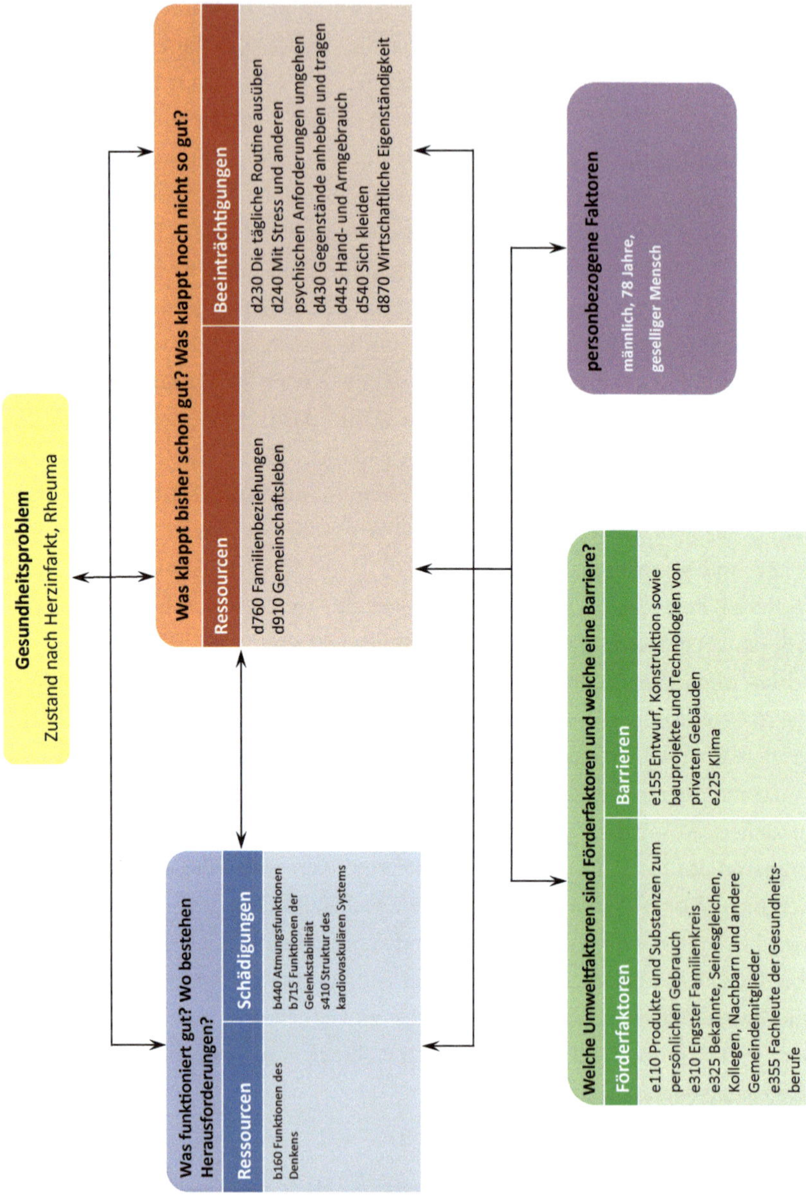

Herr Schmidt

Netzwerkkarte

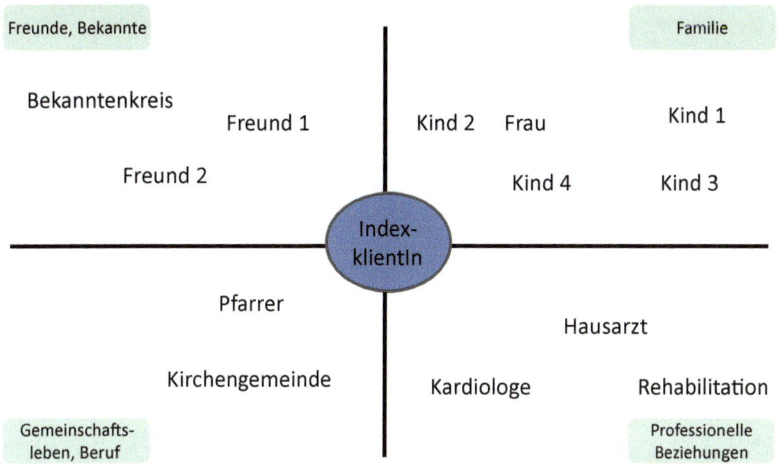

Personbezogene Betrachtung

Herr Schmidt

„Ich kann nicht mehr in dem Umfang arbeiten, wie ich das möchte, das stört mich. Ich will wieder normal leben."

„Ich kann mich an manchen Tagen nicht mehr bewegen und nur auf dem Sofa liegen."

„Meine Kinder, die haben doch ihr eigenes Leben, da will ich sie nicht nerven. Trotzdem würde ich mehr Kontakt schöner finden."

„Wir brauchen mehr Geld, um wieder so zu leben, wie wir es gewohnt waren. Meine Rente ist viel zu niedrig. Wir können uns keinen Urlaub mehr leisten und nichts mehr machen."

Interdisziplinäre Betrachtung

Hausarzt

„Als Hausarzt und Freund von Herrn Schmidt, denke ich, dass ihm eine Rehabilitationsmaßnahme gut tun würde. Dort könnte er sich auf sich selbst konzentrieren und seinen Gesundheitszustand verbessern."

„Regelmäßige Bewegung in seinen Alltag zu integrieren würde ihm gut tun."

Kardiologe

„Herr Schmidt sollte überlegen, eine stationäre medizinische Rehabilitation zu beantragen. Dabei könnte er verschiedene Behandlungsmöglichkeiten kennenlernen. Aus meiner Sicht sollte er stärker auf seine Ernährung achten."

Wechselwirkungen zu „Gegenstände anheben und tragen“ (d430)

An dieser Stelle sind *mögliche* Wechselwirkungen vorgestellt; weitere Wechselwirkungen könnten beschrieben werden. Aus didaktischen Gründen sind alle Inhalte, die an dieser Stelle nicht aufgeführt werden, aus der Übersicht entfernt worden. Wechselwirkungen sind Hypothesen, die im interdisziplinären Diskurs Berücksichtigung finden.

a) Wechselwirkungen mit Körperfunktionen:
   Die Beeinträchtigung, schwere Gegenstände anzuheben und zu tragen, steht in negativer Wechselwirkung zu den Funktionen des Atmungssystems (b440).
   Herr Schmidt ist schnell ausgelaugt und kann durch die erschwerten Atemfunktionen an manchen Tagen nichts tragen oder hochheben.

b) Wechselwirkungen mit dem Kontext:
   Durch die baulichen Barrieren (e155), die die unmittelbare Umwelt bzw. der Lebensraum haben, wird es schwieriger, Gegenstände von einem zum anderen Ort zu bringen.
   Dadurch, dass die Mobilität in diesem Bereich stark eingeschränkt ist, wären Umbaumaßnahmen des Wohnbereiches angemessen.
   Das Alter von Herrn Schmidt wirkt sich negativ auf seine Mobilität aus, da er sich nicht mehr so schnell erholt wie einst.
   Der Umstand, dass er nicht mehr gut Gegenstände anheben und tragen kann, wirkt sich negativ auf sein Selbstwertgefühl aus.

d) Wechselwirkungen mit anderen Lebensbereichen:
   Die Mobilität hängt hier eng mit allgemeinen Aufgaben und Anforderungen (d2) zusammen, wie zum Beispiel die tägliche Routine durchzuführen (d230) oder auch mit Stress umzugehen (d240).
   Die tägliche Routine ist durch die Beeinträchtigung, die Herr Schmidt beim Anheben und Tragen hat, klar eingeschränkt.

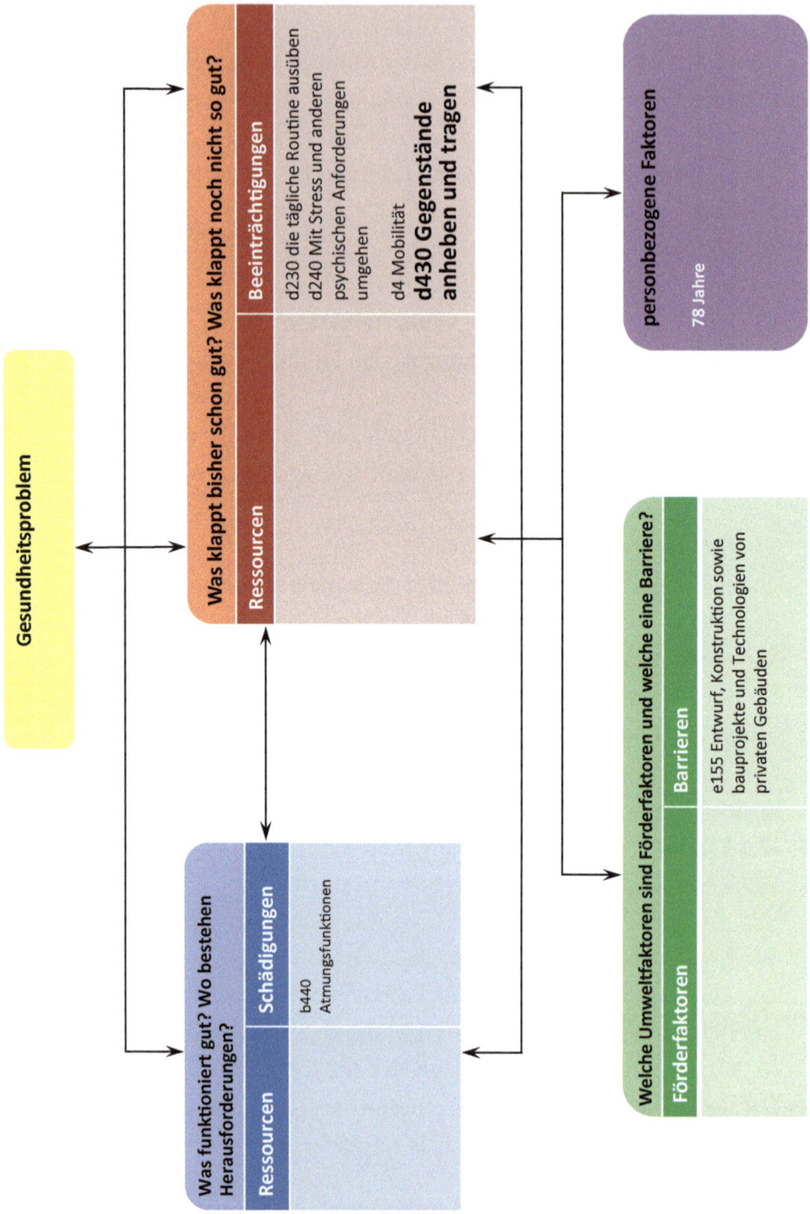

Wechselwirkungen: d430

Smarte Ziele

„Ich gehe mit meiner Frau täglich 30 Minuten spazieren."

„Ich spreche in den nächsten zwei Wochen mit meinem Hausarzt über eine Rehabilitationsmaßnahme und finde eine Lösung."

„Ich suche einmal pro Woche den Kontakt zu meinen Kindern, um mit Ihnen wieder ein engeres Verhältnis aufzubauen."

Veränderungswunsch	„Ich kann nicht mehr in dem Umfang arbeiten, wie ich das möchte, das stört mich. Ich will wieder normal leben." „Ich kann mich an manchen Tagen nicht mehr bewegen und nur auf dem Sofa liegen."	„Meine Kinder, die haben doch ihr eigenes Leben, da will ich sie nicht nerven. Trotzdem würde ich mehr Kontakt schöner finden."
ICF-Codierung (Beschreibung)	d230 die tägliche Routine ausüben d240 Mit Stress und anderen psychischen Anforderungen umgehen d430 Gegenstände anheben und tragen d445 Hand- und Armgebrauch	d760 Familienbeziehungen d910 Gemeinschaftsleben
SMARTe Ziele	„Ich spreche in den nächsten zwei Wochen mit meinem Hausarzt über eine Rehabilitationsmaßnahme und finde eine Lösung."	„Ich suche einmal pro Woche den Kontakt zu meinen Kindern, um mit Ihnen wieder ein engeres Verhältnis aufzubauen."
Maßnahmen	Herr Schmidt vereinbart einen Termin bei seinem Hausarzt zum Finden einer Lösung für eine Verbesserung seines Gesundheitszustandes.	Herr Schmidt ruft seine Kinder an und verabredet sich mit ihnen zu einem Treffen. Seine Frau unterstützt ihn in dem Prozess.

Quellen- und Literaturverzeichnis

Beauftragte der Bundesregierung für die Belange von Menschen mit Behinderung (Januar 2017): Die UN-Behindertenrechtskonvention. Übereinkommen über die Rechte von Menschen mit Behinderungen. https://www.behindertenbeauftragte.de/SharedDocs/Publikationen/UN_Konvention_deutsch.pdf?__blob=publicationFile&v=2 (Zugriff vom 15.06.2020)

Behörde für Soziales, Familie, Gesundheit und Verbraucherschutz (2008): 85. Arbeits- und Sozialministerkonferenz 2008 am 13./14. November 2008 in Hamburg. Beschlüsse der 85. Konferenz der Ministerinnen und Minister, Senatorinnen und Senatoren für Arbeit und Soziales der Länder. Hamburg. https://asmkintern.rlp.de/fileadmin/asmk-intern/Beschluesse/Aeltere_Beschluesse/ergebnisprotokoll_85_asmk.pdf (Zugriff vom 15.06. 2020)

BMAS (Bundesministerium für Arbeit und Soziales): Nationaler Aktionsplan 2.0 der Bundesregierung zur UN-Behindertenrechtskonvention (UN-BRK) http://www.bmas.de/SharedDocs/Downloads/DE/PDF-Schwerpunkte/inklusion-nationaler-aktionsplan-2.pdf?__blob=publicationFile&v=4 (Zugriff vom 18.02.2020)

Bölte S, Mahdi S, Coghill D, Shur-Fen Gau S, Granlund M, Holtmann M, Karande M, Levy F, Rohde LA, Segerer W, de Vries PJ, Selb M (2018): Standardised assessment of functioning in ADHD: consensus on the ICF Core Sets for ADHD. Eur Child Adolesc Psychiatry 27, 1261-128

Bölte S, Mahdi S, de Vries PJ, Granlund M, Robison JE, Shulman C, Swedo S, Tonge B, Wong V, Zwaigenbaum L, Segerer W and Selb M (2019): The Gestalt of functioning in autism spectrum disorder: Results of the international conference to develop final consensus International Classification of Functioning, Disability and Health core sets: Autism, Vol. 23(2) 449–467

BTHG 2016: https://www.gesetze-im-internet.de/bthg/ (Zugriff vom 18.02.2020)

Bundesarbeitsgemeinschaft der überörtlichen Träger der Sozialhilfe (BAGüS) (Februar 2018): Orientierungshilfe zur Gesamtplanung §§ 117 ff. SGB IX / §§ 141 ff. SGB XII. https://www.der-paritaetische.de/fileadmin/user_upload/Schwerpunkte/Bundesteilhabegesetz/doc/02_2018an.pdf (Zugriff vom 15.06.2020)

Bundesministerium für Justiz und für Verbraucherschutz (o.J.): BTHG – nichtamtliches Inhaltsverzeichnis. https://www.gesetze-im-internet.de/bthg/ (Zugriff vom 15.06.2020)

Deutsches Institut für medizinische Dokumentation und Information (DIMDI) (2005): ICF – International Classification of Functioning, Disability and Health. http://www.dimdi.de/static/de/klassi/icf/ (Zugriff vom 30.03.2020)

Deutsche Vereinigung für Rehabilitation DVfR & Deutsche Gesellschaft für Rehabilitationswissenschaften DGRW (2012): Diskussionspapier Teilhabeforschung. https://www.dvfr.de/fileadmin/user_upload/DVfR/Downloads/Fachausschuesse/Forschung/Diskussionspapier_Teilhabeforschung_-_DVfR-DGRW_März2012.pdf (Zugriff vom 15.06.2020)

Die Direktorin des Landschaftsverbandes Rheinland und der Direktor des Landschaftsverbandes Westfalen-Lippe (2019): Bedarfe ermitteln. Teilhabe gestalten. BEI_NRW. Handbuch. https://www.lwl-inklusionsamt-soziale-teilhabe.de/de/bei_nrw/einfuhrung-bei_nrw/ (Zugriff vom 10.11.2019)

Fachstelle – Ergänzende unabhängige Teilhabeberatung, Gesellschaft für soziale Unternehmensberatung mbH (o.J.): Angebote der Ergänzenden unabhängigen Teilhabeberatung (EUTB). https://www.teilhabeberatung.de/artikel/angebote-der-ergaenzenden-unabhaengigen-teilhabeberatung-eutb (Zugriff vom 10.11.2019)

Fachstelle – Ergänzende unabhängige Teilhabeberatung, Gesellschaft für soziale Unternehmensberatung mbH (o.J.): Ergänzende unabhängige Teilhabeberatung – unser Leitbild. https://www.teilhabeberatung.de/artikel/ergaenzende-unabhaengige-teilhabeberatung-unser-leitbild (Zugriff vom 10.11.2019)

Fachstelle – Ergänzende unabhängige Teilhabeberatung, Gesellschaft für soziale Unternehmensberatung mbH (o.J.): Beratungsangebote der EUTB. https://www.teilhabeberatung.de/beratung/beratungsangebote-der-eutb (Zugriff vom 10.11.2019)

Grampp G (2019): Die ICF verstehen und nutzen. Balance-Verlag, 3. Auflage

Mukaino M, Prodinger B, Yamada S, Senju Y, Izumi SI, Sonoda S, Selb M, Saitoh E, Stucki G (2020): Supporting the clinical use of the ICF in Japan – development of the Japanese version of the simple, intuitive descriptions for the ICF Generic-30 set, its operationalization through a rating reference guide, and interrater reliability study. BMC Health Serv Res. 2020 Jan 30;20(1):66.

Niedersächsisches Landesamt für Soziales, Jugend und Familie (2018): Handbuch für das Teilhabe- und Gesamtplanverfahren einschließlich der Bedarfsermittlung Niedersachsen (B.E.Ni). https://soziales.niedersachsen.de/startseite/menschen_mit_behinderung/eingliederungshilfe_fur_behinderte_menschen/bedarfsermittlungsinstrument_niedersachsen_b_e_ni/das-bedarfsermittlungsinstrument-niedersachsen-162892.html (Zugriff vom 10.11.2019)

Pretis M (2016): ICF-basiertes Arbeiten in der Frühförderung. München: Ernst Reinhardt Verlag: München, Basel

Schaumberg T, Seidel A (2017): Der Behinderungsbegriff des Bundesteilhabegesetzes – ein überflüssiger Paradigmenwechsel? Teil 1; Die Sozialgerichtsbarkeit SGb Heft 10, 572–578

Schaumberg T, Seidel A (2017): Der Behinderungsbegriff des Bundesteilhabegesetzes – ein überflüssiger Paradigmenwechsel? Teil 2; Die Sozialgerichtsbarkeit SGb Heft 10, 618–626

Schaumberg T, Seidel A (2018): Teilhabe ABC – Praktische Tipps und Ratschläge zur Teilhabe. Bundesverband Selbsthilfe Körperbehinderter e.V.

Schiariti V, Sauve K, Klassen AF, O'Donnell M, Cieza A, Mâsse LC (2014): ‚He does not see himself as being different': the perspectives of children and caregivers on relevant areas of functioning in cerebral palsy. Dev Med Child Neurol 56 (9): 853–61

Schuntermann, MF (2005): The implementation of the International Classification of Functioning, Disability and Health in Germany: experiences and problems. Int J Rehabil Res 28 (2): 93–102

Schuntermann MF (2009): Einführung in die ICF: Grundkurs – Übungen – offene Fragen; Ecomed Medizin, Hamburg

Seidel A, Simon L (2014): Funktion und Bedeutung der ICF-CY in der Praxis der Interdisziplinären Frühförderung in Deutschland. Sonderpädagogische Förderung 2: 136–149

Seidel A (2015): Theoretische und praktische Aspekte für die Anwendung der ICF-CY in der Neuropädiatrie Neuropädiatrie in Klinik und Praxis 14. Jg. Nr. 3, Seiten 1–8

Thüringer Ministerium für Arbeit, Soziales, Gesundheit, Frauen und Familie (TMASGFF) (o.J.): Thüringer Ministerium für Arbeit, Soziales, Gesundheit, Frauen und Familie: ITP Downloads. https://www.tmasgff.de/soziales/menschen-mit-behinderungen/itp-downloads (Zugriff vom 03.10.2019)

Umsetzungsbegleitung Bundesteilhabegesetz – Deutscher Verein für öffentliche und private Fürsorge e.V. (o.J.). Änderungen im Einzelnen – Was ändert sich durch das BTHG? https://umsetzungsbegleitung-bthg.de/gesetz/aenderungen-im-einzelnen/ (Zugriff vom 10.12.2019)

UN-BRK (2008): UN-Behindertenrechtskonvention http://www.un.org/depts/german/uebereinkommen/ar61106-dbgbl.pdf (Zugriff vom 15.06.2020)

Vargus-Adams JN, Majnemer A (2014): International Classification of Functioning, Disability and Health (ICF) as a Framework for Change: Revolutionizing Rehabilitation. J Child Neurol 29 (8): 1030–1035

Wansing G, Windisch M (2017): Selbstbestimmte Lebensführung und Teilhabe. Behinderung und Unterstützung im Gemeinwesen. Stuttgart: W. Kohlhammer Verlag

World Health Organization (2001): ICF, World Health Organization, Genf

World Health Organization (2007): ICF-CY, World Health Organization, Genf

World Health Organization (2011): ICD-10, World Health Organization, Genf

WHO (2017): Internationale Klassifikation der Funktionsfähigkeit, Behinderung und Gesundheit bei Kindern und Jugendlichen. Hollenweger J und Kraus de Camargo O. Verlag Hogrefe